大川带你选专业
——四川大学本科招生
报考指南

四川大学招生办公室　组织编写

四川大学出版社

编 委 会

海纳百川

有容乃大

李言荣
四川大学校长
中国工程院院士

青春如歌，盛世相约。亲爱的同学们，祝贺你们完成高中学业，即将开启新的人生旅程。

承文翁之教，聚群贤英才。四川大学作为中国历史最悠久、学科最齐全、办学规模最大的现代大学之一，在124年的办学历程中，培养了70多万名各类人才，产生了近100位两院院士和文化名人。吴玉章、张澜等曾执掌校务，国学大师陈寅恪、哲学家冯友兰、数学家柯召、植物学家方文培、文学家李　劼等曾传道授业，共和国元帅朱德、国家主席杨尚昆、文坛巨匠郭沫若和巴金等曾求学问道，一代又一代川大人在不同的历史时期和人生舞台上都书写了自己的精彩华章。

从现代大学诞生之日起，培养人才和创造知识一直是她的本质。四川大学始终坚持以立德树人为根本，把办最好的本科教育、培养一流的学生作为建设世界一流大学的第一使命，尤其是更加聚焦和强化"厚通识、宽视野、多交叉"，真正让120多年学校形成的"开放、包容、厚重、大气"的文化特质成为每一个川大学子的人生底色，让"志存高远、追求卓越"的精神品质成为每一个川大学子的人生境界，让大学真正成为你们人生中最重要的放大器！

学校持续推动了课堂革命，使你们放大自己的优秀。在"探究式、小班化"课堂上，在500多间不同类型、覆盖全校的智慧教室里，在基于现代信息网络技术的智能化学习系统中，你们可以与老师们深入互动、讨论，去独立思考从0到1的问题，去触摸问题的底部、洞悉事物的本质，培养自己深度学习和深度思考的能力。

学校汇聚了多学科优势，促进你们全面发展。同学们可以去修读五大类通识模块课程和跨学科研究型课程，也可以在由院士、名师领衔的交叉创新班和跨学院、跨学科打造的交叉培养平台上实现思维的汇聚碰撞、感受学科的交叉融合。每个理工医科的同学都能在探索自然科学的同时，感悟文化和艺术的熏陶；每个文科生也能在学习人文艺术的同时，进一步提高自然科学素养，在文理兼修、跨界融合中拓展多学科的知识面和培养探索未来的潜质和能力。

学校提供了优质的师资和科研资源，助力你们放大创新创造的能力。学校文理工医不同学科专业的"大牛们"都会通过开课程、办讲座，与你们面对面交流互动，共同探索、发现和创造。在校园里，你们可以随时遇到名师大家，随处都能看到师生、学生之间的交流讨论。同时，全校所有的重点实验室和仪器设备都将全面为你们开放，鼓励大家提前进实验室、进课题组，去感受科研氛围，培养你们独立思考、能高标准研究型开展工作的能力。

学校搭建了各种个性化平台，着力提升你们的软实力。同学们可以在上百个学术社团里找到适合自己兴趣、特长的社团，锻炼自己的沟通表达和组织能力，培养一种终身受益的业余爱好。你们还可以在体育场馆中挥洒汗水，参加足球、篮球、排球、网球、游泳等丰富多彩的运动项目，在大学期间练就一副好身板，成为一个平衡发展的人、自信的人。

学校实施了高水平的国际化教育，开阔你们的国际视野。同学们可以参加暑期的"国际课程周"（UIP），在校园里直接聆听世界一流大学的知名学者授课，还可以参加"大川视界"海外访学计划，到国际名校短期访学、到国际组织见习实习、到海外基地实践，打开更多扇观察世界的窗口，在未来走得更远、更高。

亲爱的同学们，四川大学已经张开双臂迎接你们的到来！我真诚地邀请你们加入川大人的行列，放大自己的优秀，成就人生的梦想，登上卓越的舞台！

川大祝福你们！欢迎你们！

前　言

　　2014年，国家关于考试招生制度改革的实施意见正式发布，这是中央部署全面深化改革的重大举措之一，也是1978年恢复高考以来最为全面和系统的一次考试招生制度改革。此次新高考综合改革对招生录取机制进行了重大重构，建立了基于统一高考、高中学业水平考试成绩、参考综合素质评价的多元录取机制（即"两依据，一参考"）。新高考要求按专业（组）报志愿，这将从根本上改变高校专业的生源质量。大学专业面临直接的"短兵"竞争，各专业要靠自身的硬实力立足而非学校的光环庇护，专业的重要性日渐凸显，高校专业将进入"全员宣传"阶段。这就意味着，不仅是学校的知名度，各专业的综合办学实力和社会认可度也将更受关注。

　　因此，在新高考背景下，专业宣传工作尤为重要，学校各院系的专家教授不仅需要走进中学，更需要和学生及家长进行深入交流，向他们宣传介绍学校的专业优势和专业实力，从而避免某些专业出现生源质量下滑甚至无人报考的尴尬局面。四川大学是文理工医学科均衡、本科专业设置齐全、专业优势突出的教育部直属的综合性高校之一，四川大学招生办公室组织编写的《大川带你选专业——四川大学本科招生报考指南》基于学生、家长以及社会大众的全方位视角，通过细致周全的专业介绍和全面系统的学院介绍，带你深入走进、了解四川大学的所有专业——专业培养目标、专业核心课程、专业国际交流、专业发展前景以及该专业毕业的杰出校友等详细内容，以充分展示四川大学的专业魅力，帮助全国中学的老师、考生及家长全面认知四川大学的各个专业。

　　该指南由四川大学招生办公室联合36个学院(系)的百余位教师共同参与编写完成，内容覆盖了四川大学目前所有的学科，包括文、理、工、医、经、管、法、史、哲、农、教、艺等12个学科门类下的专业信息。在此稿编写过程中，得到了各学院（系）老师们的大力支持，他们积极参与、精心编写，几易其稿，付出了诸多心血和汗水，终于付梓，在此一并感谢各学院（系）老师们的辛勤付出。

目录 CONTENTS

川大祝福你　川大欢迎你

岷峨挺秀，锦水含章。
巍巍学府，德渥群芳。

四川大学是教育部直属全国重点大学，是国家布局在中国西部的重点建设的高水平研究型综合大学。四川大学地处中国历史文化名城——有"天府之国"美称的成都，有望江、华西和江安三个校区，占地面积7050亩，校舍建筑面积269.4万平方米。校园环境幽雅、花木繁茂、碧草如茵、景色宜人，是读书治学的理想园地。

四川大学由原四川大学、原成都科技大学、原华西医科大学三所全国重点大学经过两次合并而成。原四川大学起始于1896年四川总督鹿传霖奉光绪特旨创办的四川中西学堂，是西南地区最早的近代高等学校；原成都科技大学是新中国成立后高校院系调整时组建的第一批多科型工科院校；原华西医科大学源于1910年由西方基督教会组织在成都创办的华西协合大学，是西南地区最早的西式大学和国内最早培养研究生的大学之一。1994年，原四川大学和原成都科技大学合并为四川联合大学，1998年更名为四川大学，江泽民、李鹏等党和国家领导人就两校合并为学校题词并寄予深切厚望。2000年，四川大学与原华西医科大学合并，组建了新的四川大学。国务院前副总理李岚清同志在考察新四川大学时说："四川大学是我们改革最早的大学，对我国高校的改革做出了历史性的贡献，可以说是高校体制改革的先锋。"在2008年"5·12"汶川特大地震抗震救灾期间，吴邦国、温家宝等党和国家领导人先后到四川大学视察慰问。2016年，李克强总理来校视察，勉励川大要为全国"双创"带头，多出世界一流学科。

国立四川大学（1896）

成都科技大学（1954）

华西医科大学（1910）

四川大学承文翁之教，聚群贤英才。百余年来，学校先后汇聚了历史学家顾颉刚、文学家李劼人、美学家朱光潜、物理学家吴大猷、植物学家方文培、卫生学家陈志潜、数学家柯召等大师。历史上，吴玉章、张澜曾执掌校务，共和国开国元勋朱德、共和国主席杨尚昆、文坛巨匠郭沫若、人民作家巴金、一代英烈江竹筠（江姐）等曾在川大求学。中国科学院和中国工程院院士中，有66位是川大校友。

四川大学学科门类齐全，覆盖了文、理、工、医、经、管、法、史、哲、农、教、艺等12个门类，有36个学科型学院（系）及研究生院、海外教育学院等学院。我校为学位授权自主审核单位，现有博士学位授权一级学科47个，专业学位授权点38个，博士后流动站37个，国家重点学科46个，国家重点培育学科4个，国家临床重点专科45个，是国家首批工程博士培养单位。

望江校区

四川大学大师云集，名师荟萃。截至2019年底，学校有专任教师4527人。学校有中国科学院和中国工程院院士16人，四川大学杰出教授7人，国家自然科学杰出青年基金获得者51人，国家优秀青年科学基金入选者56人；"973"首席科学家7人（9项）；国家级教学名师12人；国家科技重大专项课题负责人4人（4项）；国家重点研发计划项目负责人43人；国家社科基金重大招标（委托）及各类专项项目获得者55人（60项）；国家创新人才推进计划"中青年科技创新领军人才"21人，"重点领域创新团队"2个。

江安校区

四川大学在长期的办学历程中，形成了深厚的人文底蕴、扎实的办学基础和以校训"海纳百川，有容乃大"、校风"严谨、勤奋、求是、创新"为核心的川大精神。近年来，学校围绕建设具有中国特色、川大风格的世界一流大学的奋斗目标，确立了"以人为本，崇尚学术，追求卓越"的现代大学办学理念，建立了"以院系为管理重心，以教师为办学主体，以学生为育人中心"的管理运行新机制，提出了"精英教育、质量

华西校区

网络互动教室

灵活多变教室

公共空间

流程互动教室

为本、科教结合、学科交叉"的人才培养指导思想,确立了培养"具有崇高理想信念、深厚人文底蕴、扎实专业知识、强烈创新意识、宽广国际视野的国家栋梁和社会精英"的人才培养目标。学校持续推进"探究式—小班化"课堂教学改革,连续成功举办8届"国际课程周",开展了"大川视界"学生海外访学计划。学校有全国高校中华优秀传统文化传承基地1个、国家大学生文化素质教育基地1个、全国高校心理健康教育与心理咨询示范中心1个、国家人才培养和科学研究及工科基础课程教学基地9个、国家级实验教学中心11个、工程实践教育中心19个、教师教学发展示范中心1个、大学生校外实践教育基地9个。2003年以来,学校获批立项28个国家级特色专业建设点、首批33个国家级一流专业建设点,获得国家教学成果奖31项(其中特等奖1项)、国家精品课程33门,国家级精品视频公开课12门、精品资源共享课31门,国家精品在线开放课程19门。2015年以来,学校共获得中国"互联网+"大学生创新创业大赛金奖12项,获金奖总数位居全国第三。学校现有全日制普通本科生3.7万余人,硕博士研究生2.8万余人,外国留学生及我国港澳台学生近4500人。

四川大学科研实力雄厚,标志性成果不断涌现。学校现有国家重大科技基础设施1个,国家重点实验室4个,国家工程技术研究中心2个,国家应用数学中心1个,国家临床医学研究中心2个,国家工程实验室1个,国家地方联合工程实验室3个,国家地方联合工程研究中心1个,国家国际科技合作基地5个,国防重点学科实验室1个,教育部前沿科学中心1个,教育部重点实验室10个、工程研究中心7个,国家卫生健康委员会重点实验室2个,四川省重点实验室、工程中心、科研基地等52个,国家高端智库培育单位1个,铸牢中华民族共同体意识研究基地1个,教育部人文社会科学重点研究基地4个、区域与国别研究培育基地4个。2005年以来,学校共获国家科技三大奖53项。2019年,学校全年科研经费达27.60亿元。在人文社会科学方面,学校先后编撰出版了《汉语大字典》《全宋文》《中国道教史》《儒藏》等大型文化建设成果。

四川大学主动服务国家和区域经济社会发展,大力推进创新创业,服务社会能力不断增强。四川大学国家技术转移中心是全国高校中最早设立的6家国家技术转移中心之一。四川大学国家大学科技园是国家最早批准的15个国家大学科技园之一,是国家高新技术创业服务中心。2016年,学校被批准成为首批国家"双创"示范基地之一、全国首批深化创新创业教育改革示范高校。近年来,学校与国内近30个省(自治区、直辖市)、国内外150多个地市和8000多家企事业单位建立了"产、学、研"合作关系,共建了200多个校地企"产、学、研"平台。近五年来,学校承担了国内外企事业单位委托的技术开发、转让、服务和咨询项目1.3万余项,一大批重大科技创新成果已成为相关行业的主导技术。2009年,学校被批准成为首批13个"全国干部教育培训高校基地"之一。学校设有4所国家卫生健康委员会预算管理医院,在汶川特大地震、青海玉树地震、雅安芦山地震等重大自然灾害伤员救治和新冠肺炎医疗救护、疫情防控过程中发挥了重要作用,为促进我国卫生事业发展、提高人民群众健康水平作出了重要贡献。华西医院牵头筹建的中国国际应急医疗队(四川)通过世界卫生组织认证,成为全球首支非军方III类国际应急医疗队(Type3 EMT)。华西远程医学网络成为中国最大规模远程医学教育与分级协同医疗体系,覆盖20个省市区、843家医疗机构,惠及5亿多人口。

四川大学坚持开放办学,不断推进国际交流与合作,国际影响力和竞争力显著提升。目前,学校已与38个国家和地区的306所大学和研究机构建立了交流合作关系。与美国、加拿大、澳大利亚以及我国港澳台等33个国家和地区的221所国际知名大学构建了全方位、多层次、多形式的学生联合培养体系。与韩国、美国、比利时的5所大学合作共建了5所孔子学院。与世界一流的研究型大学和相关机构建立了四川大学九寨沟生态与可持续发展国际研究中心、四川大学中德能源研究中心、四川大学中英联合材料研究所、四川大学—意大利国家研究会国际多功能聚合物和生物材料合作研究中心、四川大学欧洲研究中心等国际和境外科研合作平台和中心。学校与香港理工大学共建了四川大学—香港理工大学灾后重建与管理学院,与美国匹兹堡大学共建了四川大学匹兹堡学院。

四川大学现有纸本文献819万册、中外文文献数据库325个,收藏文物8.5万余件、动植物标本87万余件(份),各类档案约32万卷(其中珍贵历史档案9000余卷)。学校体育场馆设施齐全、设备先进。学校还建有分析测试中心、现代教育技术中心、国家外语考试与出国留学人员培训机构以及成人继续教育学院等。

锦江潢门,弦歌铿锵。当前,四川大学已经确立了"全面推进学校党的建设新的伟大工程和建设世界一流大学新的伟大事业"的宏伟目标。展望未来,学校将始终肩负集思想之大成、育国家之栋梁、开学术之先河、促科技之进步、引社会之方向的历史使命与社会责任,再谱中国现代大学继承与创造并进、光荣与梦想交织的辉煌篇章!

本科教育

——建设世界一流大学 打造最好的本科教育

作为一所高水平研究型综合性大学,学校更加聚焦和强化"厚通识、宽视野、多交叉",真正让学校120多年历史形成的"开放、包容、厚重、大气"的文化特质成为每一个川大学子的人生底色,让"志存高远、追求卓越"的精神品质成为每一个川大学子的人生境界。

"探究式—小班化"课堂教学改革

推行25人规模编班制度,全面开展高水平互动式、小班化课堂教学改革。目前,开设互动式、小班化课程9024门次,占比达70.5%,推行"全过程学业评价—非标准答案考试改革",实现了智慧教学环境全覆盖,形成了独特的本科教育"川大模式"。2018年,四川大学"以课堂教学改革为突破口的一流本科教育川大实践"荣获国家级教学成果特等奖,实现西南地区高校特等奖零的突破。

强基计划

学校将办学理念与国家需要紧密相连,积极承担基础学科拔尖人才培养的责任,从基础学科出发、立足优势学科,为拥有远大理想、怀揣报国梦想的优秀学子提供成才空间,帮助具有创新精神、拥有学术天赋的青年登上更大舞台。共招收9个专业,招生专业数全国并列第三。具体专业包括:汉语言文学(古文字方向)、历史学、哲学、数学与应用数学、物理学、化学、生物科学、工程力学、基础医学,招生专业中绝大多数是我校优势专业。

特色通识教育

学校充分发挥百廿川大深厚的人文底蕴优势,通过构建"人文艺术与中华文化传承""社会科学与公共责任""科学探索与生命教育""工程技术与可持续发展"与"国际事务与全球视野"五大通识模块课程群,三年内全力打造100门有川大特色、有中国温度、有社会影响力的通识教育核心课程,着力涵养学生人文情怀,提高学生民族精神和社会责任感。

拔尖创新人才培养

1. 荣誉学院（吴玉章学院）——培养时代菁英

吴玉章学院是我校对优秀本科生实施"拔尖创新人才培养"的荣誉学院。2019年9月，面向全校拔尖学生培养设立"玉章书院"，书院坚持"一制三化"（导师制，个性化、小班化和国际化），以强势学科、精良师资、智课环境、优质生源搭建拔尖创新人才脱颖而出的平台，着力发展培养学术精英、创业先锋和行业领军人物。

2. 基础学科拔尖学生培养计划2.0——培养基础科学的领军人物

我校是首批入选国家"拔尖计划"的高校之一，先后成立了数学、物理学、化学、生物科学、计算机科学、汉语言文学、历史学、哲学、经济学和基础医学10个"拔尖学生培养试验班"，2019年启动实施了"拔尖计划2.0"。优选一流师资、配置一流资源、营造一流环境，实施"首席科学家负责制"，汇集优质教育教学资源，营造全员全方位培育"全人"的育人环境。

3. "跨学科—贯通式"拔尖人才培养——培养复合型拔尖创新人才

充分发挥学科门类齐全的优势，开辟了文理工医学科专业交叉融合、本硕博贯通的拔尖创新人才培养新路径，建设大师领衔创新班5个、交叉学科实验班10余个，成功申报4个双学士学位复合型人才培养项目，实施辅修学士学位激励制度，学生完成相关要求可获得辅修学士学位。

4. 卓越人才教育培养计划——培养行业领军人才

我校是首批入选国家级和省级"卓越计划"的高校之一，主动服务国家战略和行业需求，采取学校与行业单位联合培养人才的模式，着力培养"卓越法律人才、卓越新闻人才、卓越医生和卓越工程师"四类卓越人才。

5. "双特生"计划——培养"偏才、怪才"

搭建"偏才、怪才"的成长成才平台，选拔"特殊兴趣、特殊专才"的学生，按"一人一案"因材施教，进一步巩固学生的学术志趣、挖掘其发展潜质。毕业生相继进入世界名校深造。

双学士学位复合型人才培养项目

为全面落实立德树人根本任务，培养具有国际竞争力的"跨学科—贯通式"复合型一流人才，根据国务院学位委员会《学士学位授权与授予管理办法》相关精神，我校从2020年开始设立数学经济学、计算生物学、法医学与法学、口腔数字化技术4个双学士学位复合型人才培养项目，面向高考招生。

2020年四川大学双学士学位复合型人才培养项目一览表			
学 院	名 称	专 业	授予学位
数学学院 经济学院	"数学经济学"双学士学位 复合型人才培养项目	数学与应用数学 经济学	理学学士 经济学学士
生命科学学院 软件学院	"计算生物学"双学士学位 复合型人才培养项目	生物科学 软件工程	理学学士 工学学士
华西基础医学与法医学院 法学院	"法医学与法学"双学士学位 复合型人才培养项目	法医学 法学	医学学士 法学学士
华西口腔医学院 软件学院	"口腔数字化技术"双学士学位 复合型人才培养项目	口腔医学技术 软件工程	理学学士 工学学士

学科实力

——办最好的医科 一流的文科 理科和新工科

◉ 卓越声誉

Nature 指数（全球高质量科研论文贡献度）大学排名

四川大学位列全球高校第 **37** 位

中国内地排名第 **11** 位（2019年3月1日到2020年2月29日）

2019年软科世界大学学术排名（ARWU）

四川大学位列世界第 **185** 位

《中国大学评价》

四川大学内地排名第 **8** 位

◉ 一流师资

16 位中国科学院、中国工程院院士

7 位四川大学杰出教授

51 位国家自然科学杰出青年基金获得者

173 位四青人才

380 位"国字号"人才

（截至2019年12月）

◉ 一流科研

- 国家社科基金总数（2016—2019年）位居全国高校第3位
- 国家自然科学基金2019年项目数539项（全国高校第9位）
- 国家自然科学基金2019年直接经费3.8亿（全国高校第10位）
- 2019年全年科研经费达到27.6亿元（含文科）
- 2011—2019年，获国家科技奖励34项，获高等学校科学研究优秀成果奖52项
- 2011—2019年，承担国家社科基金项目总计484项，教育部项目总计314项

◉ 一流学科

学科齐全均衡发展，全国第四轮学科评估中，58个学科上榜，入选学科数位居全国第2位。

软科世界一流学科排名（2020）

- 31个学科上榜
- 1个学科进入世界Top 10
- 4个学科跻身世界Top 50
- 9个学科跻身世界百强
- 6个学科入选教育部建设世界一流学科：
  数学、化学、材料科学与工程、基础医学、口腔医学、护理学
- 33个国家级一流本科专业建设点，入选数在全国高校排名并列第3位

四川大学大力实施高端国际化培养教育,广泛开展国际交流合作,扎实推进国际一流研究机构建设,努力探索世界一流人才培养新模式。学校与34个国家和地区的268所国际知名大学和研究机构建立了交流合作关系。学校全面打造国际化、前沿性师资队伍,将加大高端外籍教师的引进力度作为加强学生国际化教育的重要方面,把给本科生授课作为引进高端人才的首要条件。

一、大力深化与世界一流大学合作,加强学生全球胜任力培养

1. "走出去"—— 学生长期出国(境)校际交流

四川大学不断深化与国(境)外高水平大学开展"2+2""3+1""1+2+1""3+1+1"等模式的本科生联合培养项目,目前与美国、英国、法国、德国、澳大利亚、日本等国的60余所知名高校开展了校际本科、研究生的联合培养,建立了近100个本科联合培养合作项目。2019年,我校学生出国(境)交流学习达3165人次。我校"国际合作培养创新人才的研究与实践"获国家教学成果二等奖。此外,作为国家重点建设的双一流大学,四川大学每年约300名学生获得国家留学基金管理委员会的资助,公派出国(境)留学。

2. "走出去"—— 学生短期出国(境)寒暑期交流

四川大学不断加强学生海外学习发展基金建设,资助优秀学生出国(境)学习、研修。2018年启动了"大川视界"大学生访学计划,投入千万资金资助学生赴国(境)外一流大学进行短期访学、文化交流、课程修读,以及参加国际会议和海外企业实习实践等,开阔学生的国际视野。通过实施"大川视界"项目,实现学生到国际一流大学短期学习的文化之旅,力争使每个学生都至少有一次海外交流或学习的经历。截至目前,我校与国外知名大学签订了70余个暑期短期交流项目,如美国加州大学分校、法国巴黎政治大学、英国伦敦大学、日本尖端医疗护理交流考察暑期项目等。

3. "引进来"—— 四川大学暑期国际课程周(UIP)

四川大学"国际课程周"(University Immersion Program,简称UIP)是目前国内高校中规模最大的国际课程周。UIP于每年暑期前两周时间开展,活动包括两个方面,一是聘请世界一流大学的外籍专家学者来校开设两周的全英文课程;二是邀请世界一流大学留学生与我校学生共同开展"国际交流营"活动,内容主要包括学术研讨、文化交流、临床观摩以及创新创业实践等活动。2016—2019年,"国际课程周"共邀请外教725位,开设英文课874门,参与本科生67735人次,汇聚全球优质教学资源,让川大学生足不出户聆听世界名师的课程,近距离接触学科前沿知识,感受多样化的教学风格,学习理解不同文化。

4. "引进来"—— 四川大学英文课程建设

为推进与国际一流大学、国际前沿学科的接轨,学校还不断优化专业、深化课程设置改革,加强全英文授课专业及课程建设。截止到2019年底,全校新建全英文授课专业19个(含匹兹堡学院3个专业)。

二、最受外国政要和学术名师青睐的大学之一

据艾瑞深中国校友会网公布，近年来四川大学已成为京沪高校之外最受外国政要青睐的大学之一。近年来访的国外政要包括尼泊尔总理卡·普·夏尔马·奥利（K.P.Sharma Oli）、时任世界贸易组织总干事帕斯卡尔·拉米（Pascal Lamy）、时任澳大利亚总督昆廷·布莱斯（Quentin Alice Louies Bryce）、波兰副总理雅罗斯瓦夫·戈文（Jaroslaw Gowin）等。2018年，德国总统施泰因迈尔阁下（Frank-Walter Steinmeier）访问四川大学并发表演讲。来访的学术大师有诺贝尔物理学奖获得者朱棣文、"DNA之父"詹姆斯·沃森、诺贝尔物理学奖得主丁肇中、诺贝尔经济学奖得主罗伯特·C.默顿，以及诺贝尔物理学奖得主安东尼·莱格特等。每年国外专家学者短期来访近2000余人次，积极践行"诺贝尔大师校园行"，有效推动与世界一流名校名师间的交流合作。

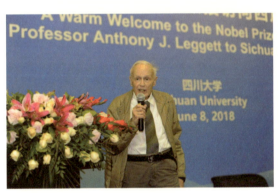

三、科研平台和中外合作办学建设成效显著

四川大学坚持开放办学，与国（境）外知名院校开展了多层次、全方位的合作与交流，与牛津大学合建"四川大学—牛津大学华西消化道肿瘤联合研究中心"、与美国哈佛大学联合建立了"四川大学西部中国研究中心—哈佛大学费正清中国研究中心合作研究中心"、与美国加州大学联合建立"九寨沟生态环境与可持续发展国际研究中心"，与美国亚利桑那州立大学联合建立"美国文化中心"；与香港理工大学共建"四川大学灾后重建与管理学院"；与波兰华沙大学共建"波语+"专业；与美国匹兹堡大学共建四川大学匹兹堡学院，2019年首批毕业生升学率超90%，学院在全国的影响力逐步提升。

毕业生深造就业

　　四川大学是"国家首批双创示范基地",入选教育部"2012—2013年全国毕业生就业典型经验高校""2017年度全国创新创业典型经验高校"。中共中央政治局常委、国务院总理李克强2016年到校考察我校创新创业教育和毕业生就业情况,充分肯定了我校就业创业工作。

　　学校高度重视毕业生就业工作,始终把毕业生就业作为重要的民生工程来抓。持续开展精准化的就业指导服务,根据学校学科专业优势,大力实施"重点地区、重大工程、重大项目、重要领域"就业计划、"明远英才"选调生基层就业计划、"科技强军"计划、"国际组织实习任职"计划等"四大就业引领计划",积极引导毕业生主动承担社会责任,服务国家发展战略,立大志向、上大舞台、成大事业,到西部、到基层、到祖国最需要的地方去建功立业。深化校企校地合作,积极拓宽就业渠道,重点向党政机关、人民军队、国防军工企事业单位、大型骨干企业、一流高校、科研机构、重点医疗卫生单位及相关国际组织输送毕业生,并助力学生成长为各行各业的领军人才。做实做细重点群体就业帮扶,促进重点群体毕业生顺利就业创业。为学生实现更高质量更充分就业提供有力保障。

　　截止到2020年6月30日,我校2020届毕业生总人数为14706人,就业率82.14%,本科毕业生人数为8403人,就业率81.34%,本科深造率51.30%;残疾毕业生就业率100%,建档立卡毕业生就业率83.79%,阶段性实现稳就业目标。

全方位学生资助保障体系

作为承载120余年办学历史的高水平研究型综合大学,四川大学历来十分重视对家庭经济困难学生的资助工作,做出了"不让一位学生因家庭经济困难而失学"的郑重承诺。为保障家庭经济困难学生的学习、生活需要,我校切实落实国家有关政策,采取多种措施,不断健全完善资助保障体系,各方面多渠道筹措资金,形成了以奖学金为激励方式,助学金和国家助学贷款为基本帮困渠道,勤工助学为重要手段,困难补助、学费减免、学费补偿及国家助学贷款代偿为辅助途径,医疗保险为有效补充(简称"奖、助、贷、勤、补、免、偿、保")的"八位一体·联动互助"的资助保障体系。

"8+1"资助育人体系

一、奖助学金

1. 国家奖助学金

国家奖助学金主要包括:国家奖学金(8000元/人)、国家励志奖学金(5000元/人)和国家助学金(一等4400元/人,二等3300元/人,三等2200元/人)。我校每年获国家奖学金同学约500人,国家励志奖学金同学约1200人,国家助学金同学近1万人。

2. 学校奖学金

为激励广大学生奋发向上,学校设立本科生学年奖学金,奖励德、智、体、美、劳全面发展,在思想品德、学业成绩、科技创新、文体活动、社会工作及社会服务等方面表现突出的学生,主要分为综合奖和单项奖,奖金为300～5000元,每年全校约有45%的学生可以获得学校学年奖学金。

3. 学校助学金

为落实国务院扶贫办精准扶贫的工作要求,体现学校"以人为本"的办学理念,从2016年开始,学校在开展国家助学金评选发放工作的同时,设立四川大学校内助学金。从此,我校通过国家助学金和校内助学金实现家庭经济困难本科生助学帮扶的全覆盖、零遗漏。

4. 社会奖助学金

随着学校办学水平的不断提高,我校的社会声誉得到更广泛的认可。在学校的努力下,愈来愈多的社会企业、慈善机构和爱心人士对我校人才培养事业给予了大力支持,在我校设置的各类社会奖助学金项目呈现不断上升的趋势,由1999年的30余项增加到目前的150余项。其中,多项社会奖助学金就是专门为家庭经济困难学生设立的。符合评选条件的经济困难学生每年可获得1000～30000元的社会奖助学金。

二、国家助学贷款

国家助学贷款是由政府主导,金融机构向高校家庭经济困难学生提供的信用助学贷款,帮助其解决在校期间的学习和生活费用。贷款学生在校期间的国家助学贷款利息全部由财政贴息支付,毕业后进入还款期,贷款本金和利息须由借款人按期足额支付。国家助学贷款是信用贷款,学生不需要办理贷款担保或抵押,但需要承诺按期还款,并承担相关法律责任。

1. 校园地国家助学贷款

我校校园地国家助学贷款实行统一标准,本科学生8000元/学年,研究生12000元/学年。需要根据中国银行的要求和学校工作安排在入学报到时办理。

2. 生源地信用助学贷款

生源地信用助学贷款是指国家开发银行等金融机构向符合条件的家庭经济困难的普通高校学生发放的、学生和家长(或其他法定监护人)向学生入学前户籍所在县(市、区)的学生资助管理中心申请办理的助学贷款。学生和家长(或其他法定监护人)为共同借款人,共同承担还款责任。获生源地信用助学贷款的学生报到时,需向学生资助中心提交生源地贷款受理证明(回执)等相关材料。

三、勤工助学

学校设有学生勤工助学指导中心,多渠道开展多种形式的勤工助学活动,为学生提供校内外勤工助学岗位。学校投入经费,开辟校内勤工助学岗位110余个,在岗学生2000余人。同时,积极拓展校外渠道,指导学生通过参与校外社会兼职、从事家教等途径开展勤工助学。

四、困难补助

对家庭经济困难、表现良好的学生,学校根据其困难程度和学习情况,给予不同等级的困难补助。补助有专项补助、季节性补助、临时困难补助、特困生伙食补贴等。对因家庭突然变故影响学业的困难学生,学校给予临时困难补助。

五、学费减免

根据《四川大学学费减免办法(试行)》【川大学(2016)5号】,学校对符合减免条件学生的学费予以减免。2018年起,少数民族预科学生学费减免参照上述办法执行。

六、学费补偿、国家助学贷款代偿及学费资助

根据国家政策,我校全日制毕业生满足应征入伍服义务兵役补偿代偿及学费资助条件,以及满足基层就业补偿代偿条件的,均可以申请学费补偿贷款代偿及学费资助。

七、医疗保险

2009年9月起,我校全日制本科生已纳入城镇居民基本医疗保险制度体系。学生因病住院和门诊大病发生地符合统筹地区城镇居民医疗保险规定范围的医疗费用,纳入统筹地区城镇居民医疗保险基金支付;学生实行门诊医疗费用统筹,个人门诊符合基本医疗保险报销范围的按规定比例报销。同时,按相关规定,学校鼓励学生在参加城镇居民医疗保险的基础上,自愿参加商业医疗保险,通过多种形式的保障手段,形成"科学互补、轻重兼顾"的医疗保障体系,最大限度地维护日常普通疾病和重特大疾病患者的利益,提高广大学生特别是家庭经济困难学生的医疗保障水平。

院系介绍

01 经济学院
School of Economics, Sichuan University

学院概况

四川大学经济学院历史悠久、传承厚重,其前身是创建于1905年的四川大学经济科,距今已经有100多年的历史。

在长期的办学过程中,学院坚持以马克思主义的立场、观点、方法为指导,围绕建设世界一流经济学院的奋斗目标,做实"两个伟大"深度融合,不断提高党的建设质量与科学推进一流事业深度融合。充分发挥以政治经济学为主的理论经济学优势,推进党的理论研究与做强政治经济学学科深度融合,促进学科交融与创新,不断巩固和扩大在社会主义经济理论、世界经济、区域经济、宏观经济、金融、企业制度等传统和新兴学科研究领域的知名度和影响力。

1905年 → 1985年 → 2020年

培养特色

学院本科人才培养涵盖经济学和金融学两个大类,包括经济学、国际经济与贸易、国民经济管理、财政学、金融学和金融工程六个本科专业,"数学经济学"双学士学位、计算机—金融工程两个学科交叉实验班,以及"基础学科拔尖人才培养"经济学基地,其中国家级一流本科专业建设点2个(经济学、国际经济与贸易),属于第一批进入国家"双万"计划的本科专业。

学院研究生层次人才培养有一级学科博士学位授予点2个(理论经济学和统计学);一级学科硕士学位授予点3个(理论经济学、应用经济学、统计学);理论经济学博士后流动站1个、专业学位硕士点7个(含MPA);政治经济学国家重点学科1个。学院现有在校博、硕士生及本科生约3000人。

专业剖析

经济学院有经济学和金融学两个大类，下设6个专业，其中经济学大类有4个专业，金融学大类有2个专业。除却上述两个大类6大专业之外，经济学院还有"数学经济学"双学士学位和"基础学科拔尖人才培养"经济学基地。

经济学（国家一流建设专业）

培养目标：培养政府部门、研究机构、金融机构和企事业单位从事经济分析、规划、咨询、管理、宣传、营销、服务等工作，有济世经邦情怀的人才。

核心课程：政治经济学、微观经济学、宏观经济学、金融学、计量经济学、国际经济学、财政学、保险学、产业经济学、企业经济学等。

关键词：基础性、广泛适用性。

经济学专业开展国家一流专业建设与学科发展研讨会

国际经济与贸易（国家一流建设专业）

培养目标：培养政府涉外经济部门、跨国公司、国际经营企业、投融资机构、大中型企业等机构从事涉外贸易、对外投资、海外市场拓展、国际品牌管理、跨境电商运营等工作所需要的高级经济和商务人才。

核心课程：微观经济学、宏观经济学、金融学、国际经济学、世界经济、国际贸易、国际金融、国际投资、国际结算、国际经济合作、跨国公司管理等。

关键词：宽口径、厚基础、国际化。

国际经济与贸易专业举办中国—波兰商贸合作国际论坛

国民经济管理（特色优势专业）

培养目标：培养中央和地方政府经济管理部门、政策研究咨询机构、金融证券投资机构、大中型企事业管理部门从事管理、经营、政策研究等工作的复合型人才。

核心课程：微观经济学、宏观经济学、金融学、国民经济管理、区域经济学、产业经济学、国民经济核算、管理学原理、发展经济学等。

关键词：国民表率、经管英才。

国民经济管理专业开展专业建设研讨会

财政学（应用型优势专业）

培养目标：培养财政局、税务局等政府机构的高端复合型人才，以及企事业单位特别是与财务税收相关的岗位人才，如财务主管、会计主管、财务会计、税务主管等。

核心课程：微观经济学、宏观经济学、金融学、财政学、中国税制、税收经济学、税收管理学、会计学、统计学、企业财务学等。

关键词："财"华纷呈、"税"与争锋。

财政学专业老师进行财政税收普及讲座

金融学（应用型优势专业）

培养目标：培养中央银行、商业银行、金融监管部门、高校或研究所等从事金融工作和金融研究的复合型专门人才。

核心课程：微观经济学、宏观经济学、计量经济学、会计学、金融学、金融经济学、公司金融、国际金融、金融市场学、金融风险管理、证券投资学等。

关键词：时间价值、信用价值、杠杆价值、风险思维、复利思维……

金融专业举办专业建设与人才培养论坛

金融工程（跨界应用型专业）

培养目标：培养商业银行、证券公司、基金公司、信托、投资、保险、资产管理公司、上市公司证券部等机构从事量化金融、量化交易研究工作，重视数理应用的跨学科专业贯通式人才。

核心课程：金融数学、投资银行理论与实务、财务报表分析、金融风险管理、金融计量学、金融工程学、金融资产定价、金融大数据、金融工程前沿理论等。

关键词：财富、风口、交叉、跨界、计量、技术……

金融工程专业举办金融学科发展论坛

"数学经济学"双学士学位

培养目标：培养数学、经济学以及相关领域高质量的复合型、创新型人才。毕业生适宜继续攻读数学及其应用、经济学或相关专业的硕士学位，也可在研究机构、企事业单位、政府部门从事数学及其应用、经济分析、金融保险、证券投资等方面的研究、开发与管理工作。

培养特点："2+2"学习模式，可获双学位（经济学学士学位、理学学士学位），40%的推免率。

校领导担任数经班名誉班主任与学生座谈

"基础学科拔尖人才培养"经济学基地

培养目标：培养学生扎实掌握马恩原著及其相关文献，并能熟练运用面对现实问题的分析能力；较强的逻辑能力、思辨能力、跨学科综合能力；灵活运用经济学数理分析和计量方法的能力；娴熟的全球沟通与管理能力。

培养特点：实行一对一导师制、小班化教学研讨、个性化订制培养方案、国际交流全覆盖、100%保送研究生。

四川大学中国特色社会主义政治经济学研究中心
第七次高端论坛

学科建设

学院始终坚以马克思主义经济学为指导,瞄准国家重大战略需求,扎根中国大地,立足西部,致力于研究中国和世界经济问题,开展高水平、前瞻性科学研究。先后承担了"世界经济周期性与非周期性波动与中国经济预警机制建设""中国特色农业现代化道路研究""我国生态文明发展战略及其区域实现研究""贯彻科学发展观 构建社会主义和谐社会的微观基础研究""精准扶贫思想:生成逻辑、内容体系和实践效果研究"等国家社科基金重大项目5项,"'一带一路'与中国西部发展"国家自然科学基金重点项目1项,"西部地区经济发展与生态重建研究"等教育部重大项目2项,以及80余项国家社会科学基金和自然科学基金,累积科研经费近2亿元。

学院教师在《中国社会科学》《新华文摘》《经济研究》《管理世界》《马克思主义研究》《统计研究》,以及 The American Economic Review, Journal of Public Economics, Oxford Economic Papers, Technological and Economic Development of Economy 等国内外一流学术期刊发表论文多篇;出版学术专著、译著、教材等200余部;获得教育部人文社会科学优秀成果二等奖、三等奖多项,四川省社会科学优秀成果奖一等奖10余项,二等奖、三等奖100余项。

毕业去向

国(境)外深造院校

加州大学伯克利分校	约翰霍普金斯大学
加州大学洛杉矶分校	宾夕法尼亚大学
加州大学圣地亚哥分校	帝国理工学院
伦敦大学学院	杜克大学
圣路易斯华盛顿大学	北卡罗来纳大学教堂山分校
新加坡国立大学	南洋理工大学
伦敦政治经济学院	日本早稻田大学
香港大学	墨尔本大学
悉尼大学	

主要就业单位

党政机关和事业单位等专业相关部门
银行、证券、保险等金融机构
世界500强和中国100强非金融类国有企业和民营企业

国际交流

学院长期以来高度重视并积极参与国际学术交流与合作,是中国与欧盟高教合作项目的院校之一,也是欧盟资助设立的全国5个文献资料中心之一。学院不断深化高端国际交流与合作,与英国牛津大学、澳大利亚昆士兰大学、美国加州大学、华盛顿大学等国际著名高校、科研机构建立长期良好的合作关系,扩大学院国际化办学与国际学术交流。近年来,共接受来自欧洲、亚洲、非洲、北美洲的留学生和非学历类留学生300余名,同时有500多名学生出国深造。

我院教授出席北京大学经济学院主办的首届"欧洲论坛"

联系方式

学院网址:http://sesu.scu.edu.cn/
联系电话:028-85412504
电子邮箱:scujjxy@scu.edu.cn
微信公众号:四川大学经济学院

02 法学院
Sichuan University Law School

学院概况 ≫≫≫≫≫≫≫≫

　　四川大学法学教育历史悠久。最早可追溯到1906年四川总督锡良创办的四川法政学堂。1912年,四川法政学堂发展成为四川法政学校。1914年,四川法政学校更名为四川公立法政专门学校。1927年,四川公立法政专门学校成为公立四川大学的法政学院。1933年,国立四川大学下设文学院、理学院和法学院;法学院设法律系、政治系和经济系。1952年院系调整,四川大学的法学教育并入新成立的西南政法学院(即现在的西南政法大学)。1983年国家教育委员会批准恢复四川大学法律系,1984年四川大学法律系正式恢复,并于同年开始重新招收法学专业本科生。法学院坚持教学与科研并重、基础与应用并重的办学传统,是我国重要的高素质法治人才培养基地。

　　法学专业已形成完整的人才培养体系。法学院拥有法学一级学科硕士、博士学位授权点,法律硕士专业学位授权点,并建有法学博士后流动站。根据教学需要,设有理论法学、宪法与行政法、刑法、民商法、经济法、诉讼法、国际法7个教研室和实践教学中心、实验教学中心。

　　法学院拥有丰富的教学资源。2018年,四川省委政法委与四川大学签署协议共建四川大学法学院,共建内容包括"一带一路"法律研究机构、法治高端智库、人才交流机制等。建有法学图书馆,设有座位280余个,拥有中文藏书124880册,外文藏书5500册;中文数据库17个,外文数据库12个;订阅国内专业期刊201种,国外专业期刊25种,电子期刊读物1761种。法学院荷畔咖啡厅既是学生创新创业实践平台,也是"教授茶座"——师生交流的重要场所。设有智慧教室,建有刑侦、法律大数据等实验室和模拟法庭、模拟仲裁庭、法律援助中心等法律实践全过程实训教学场地。

图书馆

培养特色

适应新时代高素质法治人才需要，建立分类培养模式。

除了常规法学专业本科生培养外，法学院依托首批中央政法委、教育部"卓越法治人才教育培养基地"及四川省委政法委、四川省教育厅"卓越法治人才培养基地"，法学院设立涉外法律实验班培养涉外法律专门人才以服务于自贸区与"一带一路"倡议，培养西部基层法治专门人才以满足西部基层法治建设的需要。

开设交叉课程，推进交叉专业建设。

法学院和基础医学与法医学院共同举办法医学—法学学士学位双学位交叉试验班，2020年开始招生；法学院目前已开设计算法学与法律大数据分析、大学文科数学、电子数据取证等跨学科、跨专业的交叉课程，着力培养应用型、复合型、创新型法治人才。

突出实践教学，着力培养学生的法律应用能力。

法学院设有实践教学中心和实验教学中心；和各级法院、各级检察院、律师事务所、公证处、自贸区管理局及监狱等单位共建实践教学基地50余个；开设有法律诊所、智慧审判技术装备及审判、检察、监察、律师、公证、地方立法、政府法制、涉外等系列法律实务课程，建有省级虚拟仿真实验教学项目，设有模拟法庭、模拟仲裁庭、法律援助中心，举办有刑事案件与证据、竞争法律人才训练营。法学院实践教学成果斐然，专业学科竞赛成绩突出，2017年、2018年连续两年蝉联全国模拟法庭辩论赛冠军。

学术讲座

专业剖析

招生专业：法学

培养目标：法学专业致力于培养具有崇高理想信念、深厚人文底蕴、扎实专业基础、强烈创新意识、宽广国际视野的社会主义法治国家建设者和接班人，培养推动法治进程和建设法治中国所需要的高素质法治人才。

2019年，四川大学法学专业被列入首批国家级一流本科专业建设点名单。

法学专业开设核心课程：法学导论、法理学、中国法制史、宪法、行政法与行政诉讼法、刑法总论、刑法分论、刑事诉讼法、民法总论、物权法、债权法、民事诉讼法、国际公法、法律职业伦理与职业道德、商法、知识产权法、国际私法、国际经济法、劳动和社会保障法、经济法、环境资源法。专业选修课程分为7个方向：民商法方向、诉讼法方向、宪法与行政法方向、刑法方向、经济法方向、法理与法制史方向、国际法方向。实践课程包括：专业实习、法律诊所、模拟法庭、辩论理论与实训、系列实务课程、毕业论文、创新教育等。

学科建设

四川大学法学院是我国西部综合性大学中实力最为雄厚的法学院，法学学科是四川大学"双一流"建设重点学科。法学院拥有2个"985"工程建设平台和1个四川省哲学社会科学重点基地。"智慧法治"获批四川大学超前部署学科。2017年，在第四轮学科评估中获评"B+"。2019年，上海软科法学学科排名上升至第13位，进入前7%。

经过多年发展，法学院已经形成了诉讼法与法律实证研究、司法制度、社会主义法治理论、人权与智库研究等优势学科方向，近代法律文化、行政法治、刑法解释、灾后重建法、自贸区与"一带一路"法律问题等特色学科方向，并提前布局法律大数据与人工智能等前沿学科方向。

师资力量 》》》》》》》

法学院师资力量雄厚,拥有一批杰出的专家学者和青年学术骨干,拥有左卫民教授、龙宗智教授、顾培东教授等一批全国知名学者。学院现有教育部长江学者特聘教授1人、全国杰出资深法学家1人,万人计划1人,百千万人才工程1人、全国十大杰出中青年法学家2人,教育部新世纪人才4人,国家社科基金重大招标项目首席专家3人。截至目前,法学院共有教职员工91名,专任教师73名,其中教授24名,副教授(含副研究员)32名,博士研究生导师22名,硕士研究生导师48名。

师生交流

学术交流 》》》》》》》

法学院重视国内国际学术交流活动,先后与美国华盛顿大学、哥伦比亚大学、圣路易斯大学及日本、欧洲知名大学建立了长期的校际交流关系。每年都有外国专家学者来院讲学、访问,每年都有外籍学生来院学习交流。法学院多次组织国际性学术会议,跟国外知名高校及知名学者合作开展学术研究。法学院每年都派出教师到美国、德国、英国、日本、俄罗斯等国进行考察、访问、讲学和留学。学院教师积极参加各种学术活动和大型国际会议,担任中国法学会及各专业研究会副会长、秘书长、常务理事、理事和四川省法学会及各专业研究会会长、常务副会长、副会长、秘书长、常务理事、理事等职务的达30余人。

学校每年开展"国际课程周",把世界一流大学知名教授"请进来"。六年来,邀请了近800位海外教授为学生开设了近千门次全英文课程。同时,学校实施"大川视界"行动计划,每年资助3000名以上学子"走出去",开展短期访学、国际组织见习实习、海外基地实习等。历届法学院学生积极参与上述项目,曾交流的目标院校包括巴黎政治学院、牛津大学、剑桥大学、伦敦政治经济学院、罗兹大学等世界知名高校。法学院设有"中伦—川大法学海外访学公益项目",为家庭经济困难的优秀法学生提供出国访学的机会。

法学院—中伦海外访学

毕业去向

法学专业学生考取法律职业资格，可从事监察官、法官、检察官、律师、公证、仲裁等法律职业工作；通过选调、公务员考试，可到各级党政机关工作；也可到企业、事业单位及其他社会组织从事法务等工作。学院培养应用型一复合型、涉外、西部基层三类卓越法治人才，深受用人单位认可和欢迎。自1984年恢复招生以来，法学院已为社会各界输送优秀毕业生逾万人，活跃于各级行政机关、监察机关、审判机关、检察机关、律师事务所及高校、企业及其他组织。

法学专业学生还可通过推免或考试继续研究生学习。法学院学生推免到国内一流大学、申请到国外知名大学深造或交流并获得奖学金的机会较多。法学院每年都有不少毕业生到牛津大学、哥伦比亚大学、伦敦政治经济学院、纽约大学、爱丁堡大学、巴黎政治学院、伦敦大学学院、莱顿大学等国际名校深造。获得推免资格的优秀本科毕业生还可以申请直接攻读博士研究生。

学生毕业照

部分优秀校友

法学院培养了一大批杰出校友，为法治中国建设作出了积极贡献。这些杰出校友包括：

王怀安／曾任最高人民法院副院长、最高人民法院顾问，被最高人民法院授予功勋天平奖章。

邓修明／天津市委常委、市纪委书记、市监察委员会主任。

谢鸿飞／86级校友，中国社会科学院法学研究所研究员、全国十大杰出青年法学家。

樊　斌／86级校友，北京中伦律师事务所合伙人、四川省人大常委会委员。

周光权／88级校友，清华大学法学院教授、第十三届全国人民代表大会宪法和法律委员会副主任委员。

联系方式

学院网址：http://law.scu.edu.cn/
联系电话：028-85990951 / 85990911
电子邮箱：scufxjx@163.com

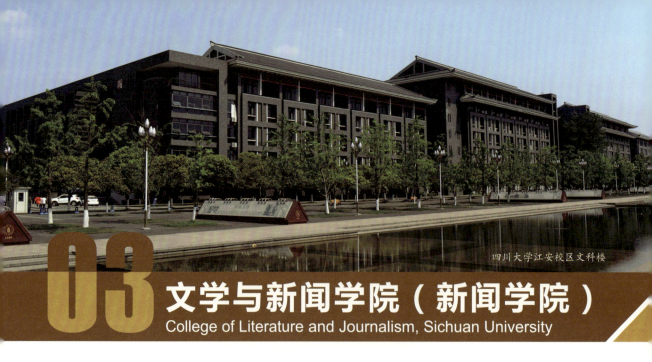

四川大学江安校区文科楼

03 文学与新闻学院（新闻学院）
College of Literature and Journalism, Sichuan University

学院概况 ▶▶▶▶▶▶▶▶▶▶▶▶▶▶▶▶▶

四川大学文学与新闻学院具有悠久的历史，是四川大学文科教学和科学研究实力最雄厚的学院之一。学院拥有教育部人文社会科学重点研究基地"中国俗文化研究所"、国家级实验教学示范中心——四川大学文科综合实验教学中心新闻与传播分中心，包括传播认知科学实验室、数字采编实验室、新媒体实验室等，实验用房总面积达1060平方米，教学科研仪器设备900多台。

文学与新闻学院以深远开放的蜀学传统为底蕴，以中华文化的传承发展为理想，培养基础坚实、勇于担当、道德优良的一流人才和社会栋梁，深耕西部，面向全球，引领当代中国语言文学与新闻传播事业的开拓进步。

培养特色

学院现已形成包括本科、硕士、博士和博士后各种层次的办学体系,其中本科招生分中国语言文学类、新闻传播学类。进入本科二年级,中国语言文学类划分为汉语言文学和汉语国际教育两个专业;新闻传播学类划分为新闻学、广告学、网络与新媒体三个专业。

学院在长期的办学实践中,以培养高层次人才为目标,已形成以本科生教育为基础,研究生培养和科学研究为重点,其他办学形式为补充的办学格局。

学院十分重视对本科生和研究生学术根柢与学术研究能力的培养。每学期都开展大型系列学术讲座,邀请国际、国内著名学者前来主讲,大大拓展了全院师生的学术视野。还举办了多期由优秀博士生主讲的"博士论坛",以及由硕士研究生和部分本科生参与主讲的"尊经论坛";同时积极鼓励本科生进行文学创作,资助出版了《起点》《青桐》等文学刊物,资助所有主干课出版了课程刊物。

"许川新闻奖"颁奖典礼合影留念

马识途文学奖金捐赠签约仪式

传播认知科学实验室

演播厅实验室

新媒体创意实验室

师生交流室——立面咖啡厅

比较优势

学院下设中国语言文学、新闻传播学和艺术学三个一级学科。其中中国语言文学现为国家重点一级学科(四川大学文科中唯一的国家重点一级学科),上一轮学科评估的成绩为A,名列全国第三,西部第一;新闻传播学成绩为B+。2017年,以中国语言文学和新闻传播学两个一级学科为主干学科的"中国语言文学与中华文化全球传播"学科群入围四川大学"双一流"建设名单。学院未来的学科发展将紧密围绕学科群一流建设方案展开。到21世纪中叶,将学科群建设成为有川大风格和中国特色的国际学术高地。

学院现有在职教职工160人(截至2020年4月),其中教授62人(含博士生导师53人),副教授40人。他们中有欧洲科学与艺术院院士1名、四川大学文科杰出教授(享受院士待遇)2人,长江学者8人,教育部社会科学委员会委员1人,国务院学科评议组成员1人,国家级教学名师2人,国务院学位委员会全国专业学位教育指导委员会委员2人,享受国务院特殊津贴专家6人。

专业剖析 》》》》》》》》》》》》

汉语言文学（含汉语言文学基地班）

培养目标： 本专业以培养基础扎实的学术研究人才为主要目标，培养具有深厚汉语言文学修养，可从事科学研究、宣传出版、公关策划等工作的高素质复合型创新人才。

核心课程： 开设中华文化、中国古代文学、中国现当代文学、外国文学、比较文学、古代汉语、现代汉语、文学理论、美学、语言学概论等核心课程。

就业方向： 到党政机关、企事业单位从事文秘、管理、文化宣传、公共关系及其他理论文字工作；到文化、新闻、出版、影视、教育部门从事研究、采编、评论、创作、教学等工作。

汉语国际教育

培养目标： 本专业以培养具备扎实汉语言文学基础、较强言语交际能力和跨文化交际能力、掌握汉语作为第二语言教学技能、能够胜任汉语国际教学及中外文化交流相关工作的应用型、复合型、国际化专门人才为目标。

核心课程： 开设中华文化、古代汉语、现代汉语、比较文学、对外汉语教学概论、英语听说、英语写作、外国文学、文化原典导读等核心课程。

就业方向： 到高等院校从事对外汉语教学和研究工作，到国家机关外事部门从事对外宣传、文化交流工作等。

新闻学

培养目标： 本专业以培养具有扎实、系统的新闻传播理论基础及熟练的新闻采访、编辑、写作、评论、摄影等专业技能的新闻学高级专业人才为目标，为党的新闻事业和传媒产业培养与输送"厚基础、宽口径、广适应"的高素质全媒型新闻人才。

核心课程： 开设新闻采写、新闻摄影、新闻评论等核心课程。

就业方向： 到报社、杂志社、广播电台、电视台、出版社担任编辑、记者工作，也可到企事业单位从事新闻宣传工作或到新闻教育与研究部门任职。

广告学

培养目标： 本专业以培养具有扎实的广告理论基础、广博的人文素养、较强的广告传播学专业知识和操作能力，能从事广告创意、设计制作、经营管理等工作的广告学复合型创新人才为目标。

核心课程： 开设广告策划、广告市场调查、平面广告设计等核心课程。

就业方向： 到广告公司、企业广告营销部门、广告管理部门、报刊和电视等媒体广告部门或编辑策划部门工作。

网络与新媒体

培养目标： 本专业与中国传媒大学、中山大学的同类专业并列全国第一，以培养具备系统的网络与新媒体基本理论素养、专业基础知识，熟练的文案写作、美工设计、数据分析、程序编写和运营管理等专业知识与技能，同时具备政治素养、文学艺术修养及创新精神的全媒体人才为目标。

核心课程： 开设网络社会心理学、用户调研与数据分析、数字媒体编程基础等核心课程。

就业方向： 可在报社、杂志社、广播电台、电视台、出版社、广告公司、企业广告营销部门、广告管理部门等担任新媒体编辑、策划、制作等工作，也可在企事业单位从事新媒体宣传工作或在新闻传播教育与研究机构任职。

特色项目 》》》》》》》》》

汉语言文学基础学科拔尖计划

本项目旨在培养爱党爱国，心怀中华民族伟大复兴梦想，肩负中华文化传承、创新与全球传播使命，具有扎实的中国语言文学知识基础，有强烈的创新意识和宽广的国际视野，引领人类文明历史进程的思想家和社会科学家。

在培养模式上，按照"一式两制三化"（一式：本研博贯通式；两制：书院制、导师制；三化：小班化、个性化、国际化)模式，着力培养一批终生执着于科学研究与开发、拥有服务国家重大战略强劲动机和突出能力的未来一流学者。学院邀请一批资深教授和业界精英担任指导教师、专业指导小组、课程教学小组成员，同时邀请校外教学名师承担拔尖学生日常教学工作，邀请国内外著名专家学者来我院开设短期课程和学术讲座，让学生们有更多的机会去了解国际学术前沿和热点学术问题，实现在学校内为学生打开更广阔的学术视野。

汉语言文学（古文字方向）强基计划

本项目旨在通过汇聚国内外优质教育教学资源，打造我国汉语言文学（古文字方向)人才培养的战略高地，培养一批终生痴迷科学、具有崇高的理想信念、深厚的人文底蕴、扎实的专业知识、强烈的创新意识、宽广的国际视野和全球竞争力的未来一流高层次专门人才，为服务国家教育强国的重大战略及实现中华民族伟大复兴的中国梦提供强大的人才支撑。

在学生培养上，采取本硕博贯通式培养，提倡跨学科融合，个性化教育。一方面，打破人文学科、专业、院系间的分区格局，整合大文学科人才培养资源，建设跨学科的古文字学专业课程体系，组建教学团队，设立研究课题，开辟多元化、贯通式、跨学科的人才培养新模式。另一方面学院将根据每一位学生的个性特征制订教学计划,为每一位学生配备双导师,充分尊重学生个性特点,使每一位学生成才。保证专业导师的"全天候""手把手"的培养,以专业导师的道德风尚和专业水准,全面推进学生茁壮成长。

汉语言文学(基地班)

本项目依托教育部批准、四川大学重点建设一流学科(群)"中国语言文学与中华文化全球传播",培养具有深厚汉语言文学修养,可从事科学研究、宣传出版、公关策划等工作的高素质复合型创新人才。该专业以培养基础扎实的学术研究人才为主要目标,推动中华优秀传统文化的创新传播,更好构筑中国精神、中国价值、中国力量。

在学生培养上,坚持"原典"教学理念,强调中西融通,开设多门全英文、双语,古典文献原典导读课程,培养学生原典阅读、中西贯通的扎实功底。

主要就业方向及深造院校 》》》》》》

我院本科生近三年平均就业率都保持在95%以上,学生毕业后可进入国有企业、民营企业、三资企业、教育单位、媒体、文化单位、科研单位、政府机关等单位就职,成为各行各业发展中的坚实力量。如各级政府、企事业单位、华为、新东方等。

国内外深造率近40%,部分优秀学生能够去北京大学、清华大学、复旦大学、浙江大学、耶鲁大学、牛津大学、新加坡国立大学、宾夕法尼亚大学、爱丁堡大学、密西根大学等国内外知名大学继续深造。

国际交流 》》》》》》

学院坚持施行国际化的人才培养模式,以全面推进学院学生"思维的国际化""视野的国际化""学习的国际化""科研的国际化"和"实践的国际化"为培养目标,坚持"请进来"与"走出去"相结合,积极开展各类国际交流活动。

一方面学院与英国剑桥大学、牛津大学,美国宾夕法尼亚州立大学,意大利佩鲁贾大学,比利时根特大学等保持着密切联系,积极开展"3+2"、夏令营、冬令营等交流学习项目。

此外,学院还依托四川大学"大川视界"大学生海外访学平台,每年选派近百名学生赴海外进行交流。

另一方面,学院每年邀请海外知名学者来我院开展各类学术讲座上百场,同时通过学校开展的"国际课程周"邀请海外高校师生来我院与学生进行面对面的交流。此外学院还专门设立经费,资助学生出国(境)参加各类国际交流活动。

"国际课程周"——来自美国肯特州立大学的学生同我院学生进行交流

欧洲科学院院士、丹麦奥尔胡斯大学比较文学专业教授Sevend Erik Larsen的读书会现场

我院师生前往日本早稻田大学参加"大川世界"海外访学活动

杰出校友

四川大学拥有122年发展史,中国语言文学学科积淀深厚,新闻传播学学科发展迅猛。巴金、郭沫若等著名作家曾在此求学;张颐、赵少咸、向宗鲁、林如稷、潘重规、刘大杰、杨明照等先生曾担任四川大学中文系主任;众多学术名家如廖平、刘师培、骆成骧、吴虞、林思进、龚道耕、向楚、谢无量、李植、李劼人、吴宓、庞石帚、刘咸炘、吴芳吉、朱光潜、任中敏、陈翔鹤、石璞、张永言、吕叔湘、王世德等先后在此耕耘。一批著名学者如赵振铎、向熹、项楚等至今仍潜心研究,著书立说。

文学与新闻学院历史悠久、师资雄厚,培养出了一大批杰出人才,如著名国学大师姜亮夫、王利器,国内外颇具影响的训诂学家、方言研究专家刘君惠,20世纪在《庄子》字义训诂方面最权威的历史语言学家、校雠名家王叔岷,全国先进生产者、四川省先进工作者屈守元,原四川省省长杨析综,"西师书派"缔造者和奠基人徐永年,原西藏军区副政治委员、解放军少将龚勋宗,原四川省政府秘书长、党组书记王东洲,海军中将王兆海,中国书画研究院副院长(院士)黎明少将,国家级教学名师、中国杰出人文社会科学家董志翘,原中国电影集团公司董事长韩三平,首批国家级学科带头人、享受国务院政府特殊津贴专家叶舒宪,北京大学书法艺术研究所所长、复旦大学等十所大学双聘教授王岳川,国家教学名师、国家社科基金学科评审组专家欧阳友权,北京永庄投资管理公司董事长赵永庄,香港教育学院中文系主任朱安之,浙江大学文科资深教授、浙江省特级专家张涌泉,原四川省人民检察院检察长、党组书记、四川省政协副主席、全国人大代表邓川,新博美商业连锁股份公司、四川大音深博传媒投资管理有限公司等多家公司董事长苏丁,浙江大学中文系教授、博士生导师王维辉,原中国出版集团公司党组书记、原中国出版传媒股份有限公司总经理、第十二届全国政协委员王涛,民进中央委员、原成都市副市长傅勇林,浙江大学传媒与国际文化学院副院长李杰,清华大学新闻与传播学院教授尹鸿,北京语言大学校长刘利,重庆大学新闻学院院长董天策,四川省学术和技术带头人、四川省有突出贡献专家曾明,上海大学中国艺术产业研究院执行院长吴信训,上海东方卫视总经理兼总编辑陈梁,四川日报报业集团总编辑陈岚,以及四川日报报业集团副总编辑、华西都市报社社长、封面传媒董事长兼首席执行官李鹏等。

巴金　　　　郭沫若

李劼人　　　　谢无量

吴宓　　　　朱光潜

姜亮夫　　　王岳川　　　王一川

张涌泉　　　尹鸿　　　韩三平

王涛　　　　董天策

学生组织 〉〉〉〉〉

学生会

文学与新闻学院团委学生会是在校团委和院党委领导支持下的学生自我教育、自我管理、自我服务、自我监督的学生组织，是联系学生和学院的桥梁，是发展与繁荣校园文化的舞台和基地，是培养学生全面成才的重要载体。学院团委结合专业特色，在院内开展多种多样的学术讲座、文艺活动和体育竞赛等，例如由学院学术科技部主办的"国学月"系列活动，宣传部主办的"记者节"系列活动，由雅韵古典文学社、青桐文学社、自在诗文社等社团举办的"春天诗会"等，为营造多元和谐的校园文化氛围贡献力量。文新团委学生会连续多年获得"四川大学十佳学生会"和"五四红旗团委"等荣誉称号。

学生社团

文学与新闻学院学生社团数量多，且类型多样化，为学生们搭建了学习交流、培养兴趣、展示自我与个性的平台。如雅韵古典文学社、青桐文学社、寻归民俗研究会、记者协会、广告协会、雷雨话剧社、ABO习舞社、粤语文化协会等。

四川大学雷雨话剧社剧照　　　四川大学春天诗会

志愿服务和社会实践

文学与新闻学院以"新风"青年志愿服务队为公益平台，带领一群有着志愿梦想的年轻人实践志愿精神。我院学生在寒暑期社会实践中表现优秀，学院因此多次被评为"四川大学社会实践优秀单位"。

"重走长征路"红色筑梦实践团赴贵州遵义开展实践活动

寄语 〉〉〉〉〉

李　怡 教授
四川大学文学与新闻学院院长

百年学府，文新当先！锦水悠长，文豪辈出，这里是你的精神家园，这里是你壮阔人生的第一站。我们在四川大学文学与新闻学院等你！

曹顺庆 教授
四川大学杰出教授
欧洲科学与艺术院院士

博学笃行，自强不息；
慎思明辨，风清骨俊。

蒋晓丽 教授
文学与新闻学院博士生导师
四川省新闻传播学重点一级学科带头人

未来已来，勇敢追梦。助你启航，伴你同行！欢迎莘莘学子报考四川大学文学与新闻学院新闻传播学大类专业！

王　红 教授
宝钢优秀教师奖获得者
国家级精品课《中国诗歌艺术》负责人

想知道什么是"人文"吗？来川大文学与新闻学院吧，为自己建一个美好自足的精神家园。

联系方式

学院网址：http://lj.scu.edu.cn/
联系电话：028-85991313
电子邮箱：wxbkjwb@126.com
微信公众号：四川大学文学与新闻学院

期盼着在金秋九月，
能与您邂逅于
四川大学的美丽校园，
抒怀锦水，共筑梦想！

04 外国语学院
College of Foreign Languages, Sichuan University

学院概况

　　四川大学外语学院源自四川大学前身——1896年创办的四川中西学堂的英语和法语科目,历史悠久,传统厚重。巴金、钟作猷、周煦良、卞之琳、罗念生、顾绶昌、吴宓、饶孟侃、周汝昌等文化名人和著名学者曾在本学院任教或就读过,为本学科的发展打下了坚实的基础。四川大学外国语学院现有英文系、日文系、俄文系、法德文系、西班牙文系、波兰语+专业、大学外语一系和大学外语二系等8个教学单位,有四川大学—亚利桑那州立大学美国文化中心、四川大学美国研究中心、欧洲问题研究中心、俄罗斯研究中心、拉美研究中心、加拿大研究中心、日本研究中心、法国研究中心、现代外语教育技术研究中心等科研机构。学院师资力量雄厚,有教职员工200余人,其中教授、副教授80余人,教师中获得国内外名校博士学位的教师比例占教师总数的50%以上。学院外国语言文学为一级学科博士授予点,有英语语言文学和外国语言学及应用语言学二级学科博士授予点各1个,招收西方文论与英美文学、西方文化研究、翻译研究、英语语言学、俄罗斯文学与翻译等方向的博士研究生。学院还有外国语言文学一级学

科硕士学位授权点,招收英语语言文学、日语语言文学、俄语语言文学、法语语言文学、外国语言学及应用语言学等专业的硕士研究生,同时招收翻译硕士专业学位(MTI)英语口译和英语笔译的硕士研究生。"外国语言文学"为四川省重点学科。学院有英语、日语、俄语、法语、西班牙语、波兰语+等6个文理兼收的本科专业。其中英语专业为国家级特色专业和国家一流本科专业建设点;俄语专业为四川省特色专业和四川省一流专业建设点。英语专业开设的"英汉口译"课为国家级精品课程,"外国语文导论"和"大学英语"为四川省精品课程。开设的第二外语包括英语、日语、俄语、法语、德语、西班牙语、韩语等语种。

语言实验中心同声传译实验室

■030 SICHUAN UNIVERSITY

培养特色 》》》》》》》》》》》》》》》》》》》

在四川大学造就"具有深厚的人文底蕴、扎实的专业知识、强烈的创新意识、宽广的国际视野的国家栋梁和社会精英"的人才培养目标的指导下,学院各专业践行"以人为本,崇尚学术、追求卓越"的办学理念,努力培养一专多能、思想素质高、专业水平高、外语实践能力强、信息技术运用能力强、具有国际视野和创新意识,能直接参与国际竞争与合作的优秀外语人才,并在长期的实践和不断创新中,形成了鲜明的培养特色,即在强调语言技能训练的同时,注重文化知识的学习和人文素质的提高;在保证专业基本要求的同时,留给学生足够的个性化发展空间;在加强实践能力锻炼的同时,努力培养学生的创新精神。学院本科人才培养已形成精英人才培养、复合人才培养和国际化人才培养三位一体的培养模式。

语言学研究论坛

专业剖析 »»»»»»»»»

英语

英语专业为国家级特色专业和国家级一流本科专业建设点。本专业具有一支由专任教师、专职科研人员和高端外教组成的高水平师资队伍。教师学历层次高、教学效果好、科研能力强和国际化程度高。本专业旨在培养学生熟练掌握英语听、说、读、写、译全面发展的语言技能，掌握英语国家文学文化、英语语言学和英语教育学的基础知识，对英语国家社会和文化有较广泛的了解；具有较好的双语表达能力；对不同的社会职业有较强的适应能力；掌握文献检索、资料查询的基本方法，具有初步科学研究和实际工作能力。本专业毕业生能在教育、外交、语言、文化等领域从事研究、翻译、教学、外事、管理等方面的工作。

俄语

俄语专业是四川省特色专业和四川省一流本科专业建设点。本专业师资队伍学历层次高，科研能力强，教学效果好。本专业与俄罗斯高校及各机关及企事业单位建立了密切联系，在校生享有充分的国际交流和社会实践机会。本专业培养俄语实践能力强、具有俄语语言学文学基本理论素养，专业基础知识扎实，综合素质高的俄语人才，能在高校、机关和企事业单位从事教学、翻译和管理等工作。

日语

日语专业是国内最早建立的日语专业之一，是中国日语教育研究会常务理事、中国日本文学研究会常务理事以及中国日语教育研究会西南分会的常务理事单位。本专业教师业务水平高、教学经验丰富。本专业培养精通日语，通晓日本社会与文化，具备日本文学基本素养，专业基础知识扎实，综合素质高的日语人才，能在高校、机关和企事业单位从事教学、翻译和管理等工作。

法语

法语专业为四川大学特色专业，教师团队年龄结构合理、学术经历丰富、科研能力突出。法语专业培养知识结构合理、语言技能突出以及具有高度人文素养的法语专业创新人才，能在高校、机关和企事业单位从事教学、翻译和管理等工作。

西班牙语

西班牙语专业现有中外教师都具有海外留学和进修的经历，教学认真负责，关爱学生。所有教师均为四川大学拉美研究所的兼职研究人员，科研成果丰硕。西班牙语专业重视学生的国际交流，利用四川大学与西班牙巴塞罗那大学、格拉纳达大学、萨拉曼卡大学，美国亚利桑那州立大学等高校的校际交流项目，开展师生互换、联合办学等多种形式的合作项目。该专业致力于培养具有宽厚的人文学科基础，西语、英语兼修的复合型人才。

校内法国文化展

我院学生获法语自由写作大赛一等奖

第四届中俄"长江—伏尔加河"青年论坛

特色优势

2019年“外研社·国才杯”
全国英语演讲大赛

2019中华口译大赛总决赛

“共立杯”日语演讲比赛

四川大学外语学科历史悠久，传统厚重，经过120多年的漫长岁月发展至今。进入21世纪以来，四川大学外国语言文学学科已形成突出鲜明的学科和专业特色优势。

在学科发展上，本学科夯实和提升传统研究方向，开拓和扩展新的研究方向，形成固本强基、扩展提升的学科特色。文学文化方向为本学科的传统优势研究方向。该方向在英美诗歌及戏剧、现当代美国小说、美国少数族裔文学等研究领域成绩显著，特点突出。外国语言学及应用语言学方向以英语语言学为主，兼顾日、俄、法、西班牙等语种的语言学研究。本学科在语音学和音位学、语法学上具有扎实的学术传统，成果丰硕。翻译与跨文化研究方向强调中西方翻译理论的打通与互动，以及翻译理论与实践的多层面关系，从新的角度和以新的方法研究翻译的性质、过程和表现等翻译本体问题，从文化研究、人类学、社会学等跨学科角度研究翻译问题。区域与国别研究是近年来本学科扩展并日渐成熟的新的研究方向，研究内容主要关注当前的国际热点问题，在国际化和区域化的视野下，以中国的视角，从中国与他国的利益关系出发开展国际问题研究。

2019年QS全球教育集团发布的第九次世界大学学科排名，四川大学英语语言文学专业在中国内地高校中，并列排名第10位，全球排名201～250位。2020年排名第12位，全球排名251～300位。2019年软科中国最好学科排名榜单中，四川大学外国语言文学一级学科在中国内地高校中排名第13位（前6%）。近五年，外国语学院教师共承担国家社会科学基金19项，教育部人文社会科学研究项目16项，省部级及重要横向科研项目33项，出版专著30余部。创刊出版英文期刊*Forum for Linguistic Studies*（语言研究论坛）和中英双语期刊《探索与批评》（*Inquiry and Criticism*），连续出版《外国语言文学与文化论丛》和《四川大学外国语学院学术文丛》。

本科专业特色和优势体现在学院本科人才培养的精英型、复合型和国际化型人才培养模式上，强调学生的个性化学习和分类指导。对于有志在外国语言文学领域发展的同学，学院提供从本科到博士研究生的学习研究平台；同时，通过第二专业和辅修专业学习，学院为学生提供“外语+”的成才方式；另外，学校学院还通过“2+2”、“3+1”、“3+2”、短期留学、国际课程周等方式，同海内外著名高校开展广泛合作，为学生提供国家化教育的平台。学院崇尚良好的师德和严谨的学风，重视对学生综合素质的培养。本学院学生参加全国及地方外语大赛频频获奖，曾先后荣获“21世纪杯”全国英语演讲大赛、全国“外研杯”英语辩论大赛、“CCTV杯”全国英语演讲大赛、全国高校口译邀请赛、“高教社杯”全国英语口译大赛、海峡两岸口译大赛、“中译杯”全国口译大赛、中国南方地区俄罗斯语言与文化知识竞赛、全国大学生日语演讲比赛等赛事大奖。

“西班牙之星”演讲大赛

人才发展前景 ⟫⟫⟫⟫⟫

国际化培养 ————

学院积极开拓与国外知名大学的交流合作项目,鼓励本科生积极申请交流学习。2016年至2019年,学院各专业共计240余名同学参加国际交流项目。同时,坚持开展国际课程周,邀请国外一流大学知名学者、教授来院授课,提升学生的认知高度和拓展学生的国际化视野。此外,每年召开国际研讨会议,邀请国外知名学者来校讲座,开拓学生的国际视野;欧盟中心持续为外语专业本科生提供到欧洲学习的机会。

国(境)外深造院校 ————

境外深造主要院校为亚利桑那州立大学、巴塞罗纳大学、岭南大学、东国大学、早稻田大学、北海道大学、国立金泽大学、北海道教育大学、大阪国际大学、法国巴黎第十大学、蒙彼利埃第三大学、第戎高等商学院、圣彼得堡国立大学、俄罗斯国立师范大学、喀山联邦大学、下诺夫哥罗德国立大学、格拉纳达大学、萨拉曼卡大学、华沙大学等。

主要就业方向/就业单位 ————

本科生就业行业广泛,主要集中在公共管理、社会保障和社会组织、教育业、金融业、文化行业等,行业性质主要为国有企业、党政机关、事业单位、初高中教育单位、民营企业、外贸企业等。

学院戏剧节大合影

本院学生赴圣彼得堡俄罗斯国立师范大学访学

日语专业国际交流营合影

MTI口译实践(重庆智博会、英国驻重庆领馆总领事代表团等)

口译菁英俱乐部 周训和特训

部分优秀校友 ❯❯❯❯❯❯❯

戴秉国 / 俄语专业59级本科。原国务委员、国务院党组成员（至2013年3月），中央外事工作领导小组办公室主任，中央国家安全工作领导小组办公室主任，外交部副部长、党委委员（至2008年4月）。现任全国台湾研究会理事会会长（2017年— ）。中共第十五届、十六届、十七届中央委员。

成竞业 / 英语专业78级本科。历任中国外交部军控司司长，中国常驻联合国维也纳办事处和其他国际组织代表、特命全权大使，中国常驻联合国工业发展组织代表、常驻国际原子能机构代表。现任中华人民共和国驻澳大利亚联邦特命全权大使（2016年— ）。

张杰贤 / 英语专业83级本科。中国互联网早期创业者，中国网络招聘和人力资源服务业资深专家。1997年创建中国最早的人才招聘网站之一——中华英才网，先后推出国内最早的"中国就业指数"和"中国薪资指数"，第一家推出网络校园招聘服务和"大学生最佳雇主品牌榜"。

刘自力 / 英语专业85级本科。现任四川胜景美途国际旅行社有限责任公司董事长、四川赛宁文化传播有限责任公司董事长。四川大学自力—志东奖学金创始人，资助涵盖文理工科优秀在校生。任四川大学全球校友创业家联谊会常务理事、四川大学四川创业家联盟副会长、四川大学传媒校友会副会长等职。

朱志东 / 英语专业87级本科。1998年进入国际教育行业，参与并创办武汉外国语学校、青岛二中、华南师范大学附属中学、成都七中等国内多所顶尖中学的国际部，以及获得中外合作办学独立法人资质、独立学位授予权的上海理工大学中英国际学院。四川大学自立—志东奖学金创始人。

储 翔 / 日语专业01级本科。日本神户大学法学博士，民革成员。现任华东政法大学知识产权学院副教授、硕士生导师、副院长；执业律师；中国知识产权学会理事、中国科技法学会理事、上海市竞争法学会理事、日本工业所有权法学会会员、日本贸易振兴机构（JETRO）法律顾问。

屈 上 / 英语专业05级本科。现任《世界周刊》栏目责任编辑。2010年进入中央电视台新闻评论部工作，作品多次获奖，其中《大国外交》作为新中国成立70周年重要的献礼片，获第25届星光奖提名奖和新中国70年纪录片推荐典藏作品。

联系方式

学院网址：http://flc.scu.edu.cn/
办公地址：四川大学江安校区文科楼四区（成都市双流区川大路）
联系电话：028-85415209（教务科） 028-85990268（学生科）
电子邮箱：flcjxky@scu.edu.cn
学院官微：SCU外语、scuwgyxy

05 艺术学院
Arts College of Sichuan University

学院概况 》》》》》》》》》

历史沿革：艺术学院植根于百年名校，继承了深厚的历史文化底蕴和悠久的艺术教育传统。

育人理念：学院确立了"发挥综合优势，崇尚人文精神，倡导艺术创新，培养一流人才"的办学理念，坚持艺术人才培养、艺术创作与艺术研究并重的办学思路。

发展目标：依托多学科的支撑，立足西南、面向全国，以创建国内综合大学一流艺术学院和培养具有创新精神、创造能力的高素质艺术人才为学院的办学目标。

所含专业：艺术学院设置有舞蹈表演、音乐表演(声乐)、绘画、中国画、视觉传达设计、环境设计、书法学、美术学、广播电视编导共9个专业。

培养特色 》》》》》》》》

学科特色：2017年教育部第四轮学科评估中，学院美术学被评为B+、艺术学理论和设计学被评为B。学院拥有1个国家级一流专业和1个省级特色专业及2个校级特色专业，1门国家级精品课程，1个国家级实验教学中心，2门校级重点通识课程，并于2009年获批成为教育部创新型艺术人才培养模式实验区。艺术学院专业设置齐全、办学层次丰富，构建了本、硕、博一体的人才培养体系。

培养目标：培养具有创新精神、创造能力的高素质艺术人才为学院的办学目标。

教学模式：小班化教学模式，开展启发式讲授、互动式交流、探究式讨论，激发学生的想象力、培养批判思维和独立思考能力。

专业剖析 》》》》》》》》

美术学 ●

本专业为国家级一流专业建设点，以"西部领先，国内一流、国际知名"的高水平美术历史与理论研究教学型专业为建设目标。聚焦于美术理论与批评研究、中国美术史研究、美术考古与宗教美术研究等三个研究方向，在中国古代和近现代美术史、西南美术考古、西南民族民间美术等领域处于国际国内前沿，形成以本科教学为根基，以硕博士培养为提升的人才培养体系。主要以中外美术史为主干课程，为美术史论及美术教育和艺术团体，含传媒机构领域培养教学和科研高级专门人才。

就业方向：文博艺术、文化传媒、艺术品评、创意策划等工作。

中国画 ●

在美术学科下设置了中国画研究方向(山水、花鸟、人物)。经过不断完善和提高，形成今天具有高水准、高层次、高质量的美术教学培养模式，为国家、社会培养了大批优秀艺术人才。师生的创作作品多次在各类专业展览中入选，并获得各种奖项，在美术界产生一定影响。学生通过中国画艺术理论和表现技法的学习训练，掌握中国画规律与特色。强调兼容并蓄、锐意创新。

专业主干课程：素描、色彩、透视解剖、白描(人物、花鸟)、山水(水墨、重彩)、花鸟(水墨、重彩)、人物(水墨、重彩)、写生(花鸟、山水、人物)、当代实验水墨、书法篆刻等。

就业方向：在文化艺术及相关领域从事艺术创作、艺术研究和艺术教育等工作。

书法学 ●

本专业所培养的学生多次在全国书法大展中获奖与入展，并在全国书法学术研讨会以及权威刊物上发表文章上百篇。该学科发展至今，已经形成了本、硕、博完备的学科体系，以及理论与实践并重的教学方针。本专业注重培养具有深厚的人文底蕴、扎实的专业功底以及宽广的艺术视野的高级书法艺术人才，为推动全国各地的书法创作、书法教育、学术研究等方面的发展做出应有的贡献。

专业主干课程：篆书临摹与创作、隶书临摹与创作、楷书临摹与创作、行书临摹与创作、草书临摹与创作、篆刻临摹与创作、中国书法史、中国书法鉴赏、文艺学、书法美学。

就业方向：各级文化艺术单位与大中专院校等。

绘画 ●

该专业在美术学一级学科硕士授权点下，设置了油画和现当代艺术及当今前沿艺术专业研究方向。倡导"厚基础、重创新"的教学理念，旨在培养热爱艺术，具有较强的造型表现基础和专业创作能力，并能将中西传统文化精神与现代绘画理念相结合的高素质绘画艺术人才。

专业主干课程：素描和色彩、透视解剖、油画(古典绘画技法研究、静物技法研究、风景技法研究、肖像技法研究、人体技法研究)、超级写实绘画技法研究、现当代造型艺术，综合材料综合艺术等。

就业方向：在文化艺术与设计等领域从事艺术创作、研究、教学及艺术策划等工作。

视觉传达设计

本专业培养具有崇高的理想信念、深厚的人文底蕴、宽广的国际视野、扎实的专业理论知识，以及先进的设计理念和强烈的创新设计思维意识、多维度设计实践能力和整合创新能力的高级复合型设计人才。在专业通识教育基础上采取因材施教的培养方式，分设品牌设计、交互媒体设计、数字艺术三个专业教学模块，并强化融合贯通三个领域间的实践教学。培养具备更广泛、更综合、更多元的设计整合创新能力人才。

专业主干课程： 设计史、设计思维、图形创意、动态图形设计、广告设计、品牌形象策划与设计、交互媒体设计、动画短片创作、跨媒体主题设计。

就业方向： 本专业的毕业生就业渠道广泛，在企事业单位、艺术设计机构、互联网科技、新闻出版、电视台、动漫游戏公司、艺术传媒、文化创意产业等领域拥有广阔的就业前景。

环境设计

本专业旨在培养德才兼备、全面发展、具备扎实的艺术设计理论功底，富有独特的艺术设计思维能力和创新意识的人才。

专业主干课程： 景观规划设计、景观建筑设计、室内设计、软装饰设计、公共环境艺术设计、材料艺术、光环境设计等。

就业方向： 环境设计、教育、研究、施工和管理等单位从事艺术设计、教学、研究、管理等工作。

广播电视编导

本专业面向电视台、广播电台、网络媒体、融媒体平台及其他影视制作机构，培养具备广播、电影、电视节目策划创作等方面的专业知识，具备较高政治水平、理论修养与艺术鉴赏力，能够从事广播电视网络节目、频道与栏目策划、节目模式研发、节目创意设计、影视文案写作、节目主持人等广播影视艺术领域工作的高级复合型人才。

专业主干课程： 视听语言、摄影与摄像、电视节目策划、影视文学创作、剪辑理论与实践、影视艺术理论、纪录片创作与实践、剧情片创作与实践等。

就业方向： 在广播电视媒体、网络媒体、传媒机构、文化部门、教育领域从事广播电视节目编导、影视导演、频道与栏目策划、微电影创意制作、影视编导理论研究等方面的工作。

音乐表演（声乐）

培养具备较高音乐文化素养和声乐艺术表演与研究基本能力，德、智、体、美全面发展的声乐表演复合型人才，以适应社会各行各业对声乐艺术人才的需求。

专业主干课程： 声乐演唱、乐理、视唱练耳、中国音乐史、西方音乐史、基础和声、曲式分析、钢琴、重唱、合唱、中国传统音乐理论、音乐论文写作、MIDI音乐制作。

就业方向： 在大专院校、音乐院系、文艺团体、艺术表演团体、中小学及群众文化艺术机构和企事业等进行声乐教学、研究、声乐表演、艺术辅导与艺术管理工作。

舞蹈表演

本专业自建立以来，在艺术实践、创作及科研方面取得可喜成绩。该系师生多次被邀请参加中宣部、教育部、文化部、中央电视台及省市级政府地方电视台的高规格大型文艺演出及专业赛事。专业依托综合大学优势，打破单一教学模式，集表演、教学、编导、学术研究为一体展开科研和教学，力图使学生在多领域、多学科的教学环境中综合发展，为社会培养高水平复合型舞蹈人才。

专业主干课程： 舞蹈表演、舞蹈教学法、芭蕾基本功、古典舞基本功、民间舞、古典舞身韵、教学剧目、舞蹈编导、舞蹈史等。

就业方向： 在专业文艺院团、学校、文化（艺术）馆、青少年宫、电视传媒机构、艺术培训机构、社科研究单位等部门从事舞蹈表演、舞蹈教学、舞蹈编导以及舞蹈理论研究等工作。

学院优势 »»»»»»»»»»

2017年教育部第四轮学科评估中，学院美术学被评为B+、艺术学理论和设计学被评为B。学院现有教职工147人，其中专任教师121人，行政教辅及思政教师20人。二级教授1名，三级教授3名，专任教师中高级职称74人，占比61.16%。学院不仅拥有一批国内著名的艺术家和艺术教育家，还聘请了一批海内外著名专家、学者担任名誉教授与客座教授。

学院教师近三年在C级以上的各类刊物发表论文共132篇，其中A级权威刊物发表5篇，B级期刊34篇，在SCI、SSCI等国际数据库期刊上发表论文4篇。2018—2019年国家社科项目申报数49项。

艺术展演和比赛方面，2019年举行的第十三届全国美术展（国家级展演），学院有4位老师的作品入选。2017—2019年，我院教师共参加各类全国性展演和比赛24项，省级展演比赛39项。

交流实践 »»»»»»»»»»»»»»»»»»»»»»»»»»

学院与国内外艺术院校和相关机构建立了多层次的合作与交流,形成了学术交流、人才培养、合作研究的常态机制。每年邀请一批国内外知名专家、艺术家来我院讲学、建立工作坊和进行展演交流。

目前,学院与美国、英国、韩国、俄罗斯、日本等国的多所著名高校建立了学术交流与合作研究的关系,签订了"2+2""3+1+1"本科生交换项目协议以及硕士研究生、博士研究生的人才联合培养协议。

学院拥有教育部人文社科重点研究基地美术研究所、环境艺术研究所、视觉艺术研究所、四川大学非物质文化遗产研究中心等4个科研机构。学院建设了12个院校级教学实习实践基地。

国（境）外深造院校 »»»»»»»»»»»»»»»»»»»»

犹他大学	英国创意艺术大学	纽约州立大学
亚利桑那大学	科罗拉多州立大学	南安普顿大学
西密西根大学	邓迪大学	肯特州立大学
华盛顿大学	美国时尚设计商业学院	……
圣母大学	檀国大学	
伯明翰城市大学	英国皇家艺术学院	

部分优秀校友 »»»»»»»»»»»»»»»»»»»»»»»»»

黄超燕 / 2006届艺术学院广播电视编导专业。唯一跨界T台与珠宝设计和花艺设计的时尚界宠儿，2012年创立个人品牌Miss Yolanda，同年获得年度风尚名模设计师大奖。目前黄超燕是奔驰、GC、力拓、法国娇兰、施华洛世奇等国际著名品牌的合作艺术家。

屈立丰 / 2004届艺术学院美术学专业。现任西华大学艺术学院主持工作副院长、工业设计产业研究中心主任，兼任四川大学艺术研究院文化产业研究所副主任，是四川工业设计协会常务理事、中国艺术人类学学会会员、中国书法家协会会员。

李俊涛 / 2003届艺术学院艺术设计学/平面设计专业。现任四川师范大学美术学院教授、硕士生导师，国家艺术基金评审专家，四川省学术和技术带头人后备人选，国际中国哲学学会会员（ISCP），成都市道教协会副秘书长。

王书峰 / 2009届艺术学院美术学专业。西南民族大学艺术学院书法研究所所长，四川省书法家协会、教育委员会副秘书长，中国书法家协会会员。作品多次入展全国展，论文在《中国书法》《书法赏评》《文史杂志》《河洛书法》期刊发表，并入选全国性学术研讨会。

陈 倩 / 1999届四川大学艺术学院表演专业。倪萍老师经纪人。配音代表作：《甄嬛传》浣碧、《芈月传》孟嬴（秦国大公主）、《天线宝宝》拉拉、《金玉良缘》江晓萱、《新京华烟云》姚莫愁、《爱情睡醒了》沐之晴、《盛夏晚晴天》莱雪、《武媚娘传奇》太子妃。

黄 浪 / 1997届四川大学艺术学院美术系。1997年创建bampo半坡饰族品牌，广州市蕊蝶皮具有限公司董事长，广州市素石服饰有限公司董事长，《包容》杂志社出品人，广东省服装服饰文化促进会副会长。

联系方式

学院网址：http://artmuseum.scu.edu.cn/art/index.jsp
联系电话：028-85991685
电子邮箱：liutingscu@scu.edu.cn
微信公众号：SCU四川大学艺术学院

06 历史文化学院（旅游学院）
School of History & Cultures (Tourism) , Sichuan University

学院概况

　　四川大学历史文化学院（旅游学院）是由四川大学最古老系科——历史系的基础上发展而来的。学院下辖考古学系、中国古代史教研室、中国近现代史教研室、世界史教研室、旅游与景观学系、会展与休闲学系、国际旅游与酒店管理（全英文）7个系（教研室），有历史学类和旅游管理类5个本科专业。在长达百余年的办学实践中，四川大学历史文化学院（旅游学院）已形成鲜明的学科特色和研究优势，本、硕、博人才培养体系完善，拥有教育部人文社科重点研究基地、国家级考古学实验教学中心等人才培养平台，入选国家文科基础学科人才培养与科学研究基地、国家"双一流"学科建设点、国家"一流专业"建设点、国家"强基计划"建设点等。在本科生教育方面，学院以精深的专业课程和扎实的学术训练，培养有进一步深造潜力的专业研究人才，同时也向社会各界输送复合型高素质人才。

专业培养特色

历史学

本专业在尊经书院(1875年)和四川中西学堂(1896年)基础上组建,学脉悠久,积累雄厚。本专业1995年获批设立"国家文科基础学科人才培养和科学研究基地",2005年被列入"四川省特色专业建设点"名单,2008年获批教育部高等学校特色专业建设点,2017年"区域历史与边疆学"获国家"双一流"建设学科。在"探究式—小班化"专业课程设置、过程考核及教学实习等方面的创新改革一直走在前列,"口述史教学实践与科学研究中心"已具规模,拥有"中华文化(历史篇)"等国家级精品通识课程。在通识教育阶段,增加小班化课程和实践课程比重,注重理论和实践结合,培养创新实践型综合人才;在个性化教育阶段,突出三大类课程(学术研究型、创新探索型、实践应用型)体系建设。

考古学

四川大学是全国最早创办考古专业的大学之一,四川大学考古专业由徐中舒、冯汉骥教授于1960年创建,是教育部考古学科首批博士点(1981)、历史学科人才培养和科研基地(1995)、国家级"双创"示范建设单位、国家一流学科、考古学博士授权点、博士后科研流动站,是教育部人文社会科学重点研究基地(中国藏学研究所)、"985工程"哲学社会科学创新基地的重要组成部分,是西南地区唯一具有本、硕、博及博士后培养体系的考古专业。依托国家级考古学实验教学示范中心和历史悠久的四川大学博物馆形成的考古研究、文物保护与科技考古、博物馆教育"三位一体"的人才培养体系,以坚实的田野考古和学科传承为基础形成的历史时期考古、西南考古(含西藏考古)、宗教考古等是本专业的显著特色。

文物与博物馆学

本专业紧密依托川大考古学学科优势,重视构建文物与博物馆学和考古研究、文物保护与科技考古"三位一体"专业教学体系,突出重基础(即人文科学基础)、宽口径(拓宽专业知识面、多选修)、高实践(加大实践、实验课时)的

人才培养特色。坚持内涵式发展,构建科学合理的人才培养模式;要求学生在前两年基本完成基础课和应用基础课的学习,三年级开始进入专业提升、教学实习及就业准备阶段。

旅游管理

本专业是国内最早建立的旅游管理本科专业之一。20世纪80年代中期,四川大学设置了旅游文化与管理专业,招收专科学生,1996年设立旅游管理本科专业,1999年招收首届旅游管理硕士研究生,2004年成为全国首批旅游管理学博士学位授予权单位,2011年成为全国首批旅游管理硕士MTA招生单位,新增文化遗产与旅游开发博士后流动站。本专业将培养导向确定为培养拔尖的研究型旅游人才,依托"大川视界"等海外访学平台,与国际名校建立了联合培养模式。在旅游规划等传统领域的基础上,依托"智慧旅游"创新创业平台等国家级平台,对大数据等前沿领域给予了充分响应。把创新创业教育贯穿人才培养全过程,培养的学生获第四届中国"互联网+"大学生创新创业大赛金奖。将培养"拥有突出的学术创新能力"增加到培养目标中,全面落实了四川大学建设国内一流、国际知名的高水平研究型综合大学目标的要求。

会展经济与管理

本专业设立于2012年,力求依托四川大学的综合性大学优势以及旅游专业办学特色,将该专业打造成具有国际化视野的一流会展专业。经过多年探索、改革和实践,逐步形成了"一个理念、两个体系、三方联动"的会展人才创新培养体系。即坚持会展专业人才培养的"双驱动"理念,构建支撑人才培养的探究式教学课程体系和多层次的实践教学体系,实现学校、企业和政府三方联动的合作机制。

四川大学博物馆

专业剖析 ►►►►►►►►►►►►►►►►►►►►►►

历史学

作为国家"一流专业"建设点，本专业旨在培养拥有广阔国际视野与知古鉴今、资政育人情怀，史学理论基础扎实、专业功底宽厚，掌握历史研究的基本方法、学术史和最新动态，具备较强的独立思考与创新能力，有进一步深造潜力的历史学专门人才，以及能够在国家机关和企事业单位从事研究、教学或者管理等方面工作的复合型高级人才。本专业的核心课程有中国通史、世界通史、史学概论、中国历史要籍介绍及选读、外国历史要籍介绍及选读、中国史学史、西方史学史等。

史德颂

考古学

培养具有扎实的考古学基本理论、基础知识和综合实践能力，能在考古、文物、博物馆等文化、教育企事业单位，以及国家行政职能部门胜任学术研究、管理、教学等工作的复合型专门人才。本专业的核心课程有考古学与文明史、西藏的历史与文化、考古学导论、中国考古学、考古技术、田野考古概论、文物保护概论、考古目录学、文化遗产概论、考古学史、中国青铜器、西南考古以及各类专门科技考古课程。

文物与博物馆学

培养具备扎实的文物学、博物馆学的基本理论和专门知识，接受历史、考古、艺术等相关学科以及博物馆实践工作的综合训练，拥有较强的独立思考与创新能力，能在各级各类博物馆、文物研究与艺术鉴赏领域、文博事业管理以及教育机构胜任工作的复合型人才。本专业的核心课程有考古学与文明史、西藏的历史与文化、考古学导论、中国考古学、博物馆学概论、博物馆展陈、文化遗产概论、世界博物馆概览、文物保护概论、文物保护技术、藏品保护管理以及青铜器、玉器、陶瓷器、钱币、书画等文物专题课。

旅游管理

围绕文化和旅游业需求，以旅游经济、旅游管理、旅游资源开发等领域为基础，面向文化与旅游融合、大数据、人工智能等前沿应用场景，培养具备坚实的理论基础、深厚的文化底蕴，拥有国际视野和国际交往能力，能够熟练运用科学研究方法，富有创新意识和创业能力，能够应对新时代挑战的行业管理精英和学术研究精英。本专业的核心课程有旅游学基础、管理学原理、社会学、微观经济学、宏观经济学、消费者行为学（全英文）、旅游规划与资源开发、旅游与休闲研究方法、旅游地理学、旅游空间分析等。

会展经济与管理

围绕会展产业发展需求，以会展经济、参会管理、节事与赛事活动策划与管理为基础，面向政府高端会议、大型国际展览、智慧会展、会展大数据开发等活动管理场景，培养具备坚实理论基础、深厚文化底蕴，掌握多种商业分析工具，熟练应用科学研究方法，富有创新精神和创新能力，拥有国际化视野和竞争力的会展行业管理精英和学术研究精英。本专业的核心课程有管理学原理、微观经济学、宏观经济学、产业经济学、市场营销学、消费者行为学、商务统计学、项目管理、会展概论、会议需求与策划、展览策划与组织、节庆活动策划与管理、会展文案、博物馆运营管理、旅游与休闲研究方法、活动研究文献导读。

红酒旅游实验室

茶文化实验室

旅游礼仪与形体实训室

数字化景观设计实验室

优势特色 〉〉〉〉〉〉〉〉〉〉〉〉〉〉〉

专业设置完备： 教育部首批博士与硕士授权点，拥有一级学科博士学位授权。现有历史学、考古学、文物与博物馆学、旅游管理、会展经济与管理5个本科专业，考古学、中国史、世界史、民族学、旅游管理、会展与节事管理、酒店管理7个学术型硕士专业以及文物与博物馆、旅游管理2个专业型硕士专业，考古学、中国史、世界史、旅游管理、藏区历史、经济与社会发展、文化遗产与旅游开发6个博士专业，中国史、世界史、考古学3个博士后流动站。

师资力量雄厚： 现有教授（研究员）35名、副教授（副研究员）35名，其中博士生导师23人、硕士生导师34人。拥有川大文科杰出教授2人、长江学者4人、国务院学科评议组成员兼考古学科召集人1人、教育部教学指导委员会委员3人、国家社科基金评委3人、高端外籍教授5人、四川省学术与技术带头人10人。

科研成果突出： 长期以来形成了平实、稳健、谨严、求新的学术传统，人才众多，硕果累累。近五年承担国家和部省级科研项目100余项，发表高质量学术论文1000余篇，出版专著100余部。同时，注重以高质量科学研究融入专业教学，鼓励学生从事学术研究。近年来，获国家级、省级优秀教学成果奖多项，有多门国家级精品课程。

重视社会实践： 规范设计和开展丰富的教学实习，5个专业共建设有近50个本科生教学实习基地，考古专业和旅游管理专业等还建立了海外实习基地，将本科生社会实践推向国际化。

扩大国际交流： 秉承请进来、走出去策略，在校本科生不仅能够在校经常聆听到哈佛、牛津等世界一流大学教授的讲课，还能广泛享有赴美国、欧洲、日本等国，以及中国香港、台湾等地名校进行交流学习的机会。

毕业前景 》》》》》

历史学专业学生毕业后有宽阔的就业门径,有50%以上的毕业生进入国内外高等院校和科研机构继续深造,其余则进入各级党政机关、教育单位、新闻出版和文化事业等部门从事管理和专业工作。本专业杰出校友遍布海内外各行各业。随机走访显示,近三年用人单位对本专业毕业生满意度达90%以上,社会影响巨大,受到媒体广泛关注,深造高校评价良好,常出现著名高校争相录取本专业推免生的情形。

考古学专业学生毕业后既能进入高等院校和科研机构继续深造,也能进入考古研究所、博物馆等机构从事专业研究;同时也可进入传媒业,成为报道考古新发现、文物遗址保护相关题材的新闻记者或考古栏目制片人;还可进入各级文化事业部门从事管理和专业相关工作。

在文博事业快速发展的大背景下,文物与博物馆学专业毕业生有着广阔的就业前景。一方面绝大多数毕业生进入海内外名校继续攻读研究生,另一方面各级各类博物馆、文博事业管理单位、学校、新闻媒体、展陈设计公司与商业教育培训机构都急需文博专业人才。

旅游管理专业毕业生主要在各级文化和旅游政府部门及研究咨询机构,大中型文化与旅游资源开发企业,旅游规划、策划与设计机构,智慧旅游、文化旅游等文旅互联网企业从事管理、规划、咨询和研究工作。

会展经济与管理专业毕业生主要在各级政府部门、国有企事业单位、大中型外资和民营品牌企业、会展主办与策划公司、互联网平台企业等从事活动策划与组织、营销与传播工作,或在教学科研单位从事会展管理、教学与研究规划工作,也可以继续攻读旅游管理类、工商管理、经济学、传播学及其他相关学科的研究生学位。

国际化培养 》》》》》

近年来主办了 8届"国际交流营"活动,邀请世界知名高校的师生来校交流,开展学术讲座、课程实践、文化体验等丰富多彩的交流体验活动。同时还与美国圣地亚哥大学开展旅游管理专业实习实践合作、与圣路易斯华盛顿大学等世界一流高校共建研究中心和亚洲山地考古联合实验室、与哈佛大学共建四川大学西部中国研究中心等。2016年伊始,先后与孟加拉国达成合作意向,与斯里兰卡、老挝合作共建考古、文化遗产实习及科研基地。通过这些广泛、频繁的国际交流活动,直接将学生领入学术前沿阵地,与国际著名学者进行直接对话,开拓了学生的视野。

我校与美国圣路易斯华盛顿大学共建中美亚洲山地考古联合实验室

我院主办2019中国信息通信大会5G+智游天府专题会议

国（境）外深造院校

哈佛大学	爱丁堡大学	香港城市大学
康奈尔大学	伦敦大学	香港理工大学
哥伦比亚大学	昆士兰大学	台湾大学
华盛顿州立大学	新加坡国立大学	……

部分优秀校友

桑　兵 / 1973级历史系本科，浙江大学人文学院文科资深教授、博士生导师，中山大学近代中国研究中心主任、孙中山研究所所长。国家清史编纂委员会委员，教育部哲学社会科学委员会委员。

罗志田 / 1977级历史系本科，四川大学杰出教授、博士生导师，著名历史学家，普林斯顿大学博士，曾担任国务院学位委员会历史学科评议组成员、北京大学教授、清华大学兼职教授等学术职务。

王邦维 / 1977级历史系本科，北京大学东语系、东方学系、外国语学院、东方文学研究中心教授，北京大学东方文学研究中心主任。

王　笛 / 1978级历史系本科，美国得克萨斯A&M大学历史系教授。

高　翔 / 1982级历史系本科，中国社会科学院副院长、党组成员，兼中国历史研究院院长、党委书记，党的十九大代表。

霍　巍 / 1978级考古学专业本科，四川大学历史文化（旅游）学院院长、四川大学博物馆馆长、教育部人文社会科学重点研究基地中国藏学研究所所长、博士生导师；国务院学科评议组考古学科召集人之一、国家社科基金评委、教育部本科教学指导委员会委员、中国考古学会理事、四川省历史学会副会长、四川省博物馆学会副理事长；四川省高等院校高级职称评定委员会学术委员、四川省文博考古系统高级职称评定委员会学术委员、四川大学校学术委员会委员、教学指导委员会文科副主任委员；四川大学杰出教授。

王　毅 / 1980级考古学专业本科，四川省文旅厅副厅长，四川省文物局局长。

杨　军 / 1984级考古专业本科，江西省文物考古研究所研究员，海昏侯墓考古发掘领队。

施劲松 / 1986级考古学专业本科，中国社科院考古所副所长、研究员。

郑建明 / 1990级考古学专业本科，复旦大学教授、博士生导师。

李　飞 / 1995级考古学专业本科，贵州省博物馆馆长、研究员，首届中国考古学"金爵奖"获得者。

王崧平 / 2006级旅游专业博士，西藏旅游发展厅厅长（正厅）。

蔡光洁 / 2006级旅游专业博士，四川师范大学副校长。

胡北明 / 2006旅游专业博士，贵州财经大学商学院教授、博士生导师。

张　洋 / 2000级旅游专业本科，澳门科技大学教授、博士生导师。

联系方式

学院网址：历史文化学院 http://historytourism.scu.edu.cn/
　　　　　旅游学院 http://historytourism.scu.edu.cn/tourism/
联系电话：028-85996733
电子邮箱：lishizhaosheng@163.com

07 数学学院
College of Mathematics, Sichuan University

学院概况

四川大学数学学院历史悠久，师资雄厚，学科齐全，先后在柯召院士、刘应明院士、李安民院士的带领下，凝聚了一批国内外知名数学家，在数学研究、数学教学、数学应用等方面走在全国前列，是国家重要的数学基地之一。

四川大学数学学院拥有数学和统计学两个一级学科。数学学科是一级学科国家重点学科和"211""985"工程重点建设学科，首批入选国家双一流建设名单，2018年教育部第四轮学科评估为A类，是国家基础科学数学人才培养基地，已建立国家天元数学西南中心、四川国家应用数学中心和两个四川省重点实验室。数学学院设有数学与应用数学、信息与计算科学和统计学3个本科专业，承担了国家数学拔尖学生培养计划，以强基计划、数学基地班、数学经济（双学士学位）和数学类分别单独招生。培养的学生遍布全球，已有一大批成为优秀的数学家和其他行业的精英，成绩斐然。

培养特色

数学学院以培养高水平及拔尖精英数学人才、创建世界一流本科专业的办学定位和目标，结合长期办学实践的学科特点，构建了理论与应用并重、分层次跨学科的本科人才培养体系，该体系既有系统扎实的数学、统计学基础理论训练，又有数学应用与实践、数学与经济金融、数据科学等学科的交叉融合，做到分层次、跨学科，因材施教。

学院设立专业负责人、课程负责人、教学督导、班主任和本科生导师等制度，实施探究式—小班化教学，通过校级合作、国际联合培养、周学术报告、拔尖学生书院制、本硕博贯通式培养等，提高学生学术素养和国际化水平，以一流的师资、一流的环境和一流的政策帮助学生顺利成长。近三年来，学生获得国家级学科竞赛奖30余项，毕业生继续深造率超过65%。

北京大学姜伯驹院士来校作学术报告

专业剖析

数学与应用数学（强基计划）

属于国家基础学科数学强基计划，提前招生。

培养系统扎实地掌握数学学科的基本理论和方法，受到系统的科学研究训练，具有科学精神和创新意识，具有发现问题与分析及解决问题的能力，具有宽广的国际视野，够成长为立足于服务国家重大战略需求的数学领域领军人物。学校和学院将配备一流师资，提供一流的学习条件，实施导师制、小班化、个性化、国际化及本硕博无缝衔接的培养模式，实行书院制。核心课程有数学分析(I、II、III)、高等代数(I、II)、解析几何、数论与代数基础、拓扑学、常微分方程、实变函数、复变函数、概率论、抽象代数、泛函分析、微分几何、偏微分方程、凸分析优化、群表示论、无穷维分析等。

数学与应用数学（试验班）

属于国家基础学科数学拔尖学生培养基地，全校新生选拔。

培养系统扎实地掌握数学学科的基本理论和方法，受到系统的科学研究训练，具有科学精神和创新意识，具有发现问题与分析及解决问题的能力，具有宽广的国际视野，能够成长为数学领域的领军人物，并逐步跻身国际一流科学家队伍的数学高级研究型人才。学校和学院将配备一流师资，提供一流的学习条件，实施导师制、小班化、个性化、国际化的培养模式。核心课程有数学分析(I、II、III)、高等代数(I、II)、解析几何、数论与代数基础、拓扑学、常微分方程、实变函数、复变函数、概率论、抽象代数、泛函分析、微分几何、偏微分方程、凸分析优化、群表示论、无穷维分析等。

数学与应用数学（基地班）

属于国家基础学科数学人才培养基地，单独招生。

培养系统扎实地掌握数学学科的基本理论和方法，受到科学研究的初步训练，具有较强创新意识的数学高级专门人才。毕业生适宜继续攻读数学类专业或相关学科研究生，也可在高等学校从事数学教学工作，或在高技术部门、研究机构、企事业单位从事研究、开发与管理工作。核心课程有数学分析(I、II、III)、高等代数(I、II)、解析几何、数论与代数基础、常微分方程、概率论、实变函数、复变函数、一般拓扑学、泛函分析、微分几何、偏微分方程、数学建模与实验等。

数学与应用数学（数学经济双学士学位）

属于国家双学士学位交叉复合人才培养项目，单独招生。

本班主要为应用数学及经济学相关领域培养高质量的复合型、创新型人才，毕业生适宜继续攻读数学、经济类或相关学科研究生，也可在研究机构、企事业单位从事经济、金融保险、证券投资等方面的研究、开发与管理工作。学生1—2年级在数学学院学习，3—4年级在经济学院学习，学生毕业时授予理学学士学位和经济学学士学位(双学位)。核心课程有数学分析(I、II、III)、高等代数(I、II)、解析几何、数论与代数基础、常微分方程、概率论、实变函数、复变函数、一般拓扑学、数理统计、政治经济学、微观经济学、宏观经济学、金融学、财政学、计量经济学等。

数学类

该类学生将在大三时进行分流，根据学生填报志愿情况和前两年考试成绩进入以下专业：

数学与应用数学 该专业含基础数学和金融数学两个方向。基础数学方向培养能从事数学理论研究及应用研究的高级人才，金融数学方向培养能从事经济、金融等行业的高级人才。

统计学 该专业含统计学、数据科学和大数据技术两个方向。统计学方向培养能进行数据分析、信息融合、模拟计算、预测与决策等工作的人才，数据科学和大数据技术方向培养能推动并引领未来全球"互联网+"、云计算、大数据技术在各领域的深入应用的人才。

信息与计算科学 该专业培养从事科学计算、信息分析与控制的高级人才。

数学类专业核心课程有数学分析(I、II、III)、高等代数(I、II)、解析几何、数论与代数基础、常微分方程、概率论、实变函数、复变函数、数学建模与实验、一般拓扑学、数理统计及对应专业核心课程。

学科优势

师资力量雄厚

现任师资中包含中科院院士1名、教育部长江学者8名、国家杰出青年科学基金获得者10名、万人计划入选者1名、国家"四青"人才11名、教育部跨（新）世纪优秀人才14名、省教学名师3名。师资力量在国内最好的数学学科中名列前茅。

学科优势突出

四川大学数学学科是一级学科国家重点学科和"211""985"工程重点建设学科，首批入选国家"双一流"建设名单，2018年教育部第四轮学科评估为A类(A-)，拥有国家基础科学数学人才培养基地、数学拔尖学生培养基地及数学强基计划，已建立国家天元数学西南中心、四川国家应用数学中心和两个四川省重点实验室。

科研成果卓著

近十多年来，执行国家及省部级重点项目20余项，包括国家自然科学基金创新研究群体项目、国家自然科学基金数学天元基金交叉融合研究平台培育项目、科技部"973"项目、国家自然科学基金重点项目、教育部创新团队项目和重点研发计划等；获得的重要科研奖项和称号有何梁何利基金科学与技术进步奖、国际模糊系统协会Fellow称号、香港求是科技基金会求是杰出青年学者奖、国家自然科学奖二等奖、中国数学会华罗庚数学奖，以及多项省部级科研奖项。

教学成绩斐然

近些年来，学院每年招收本科生约180人，招收研究生100余人，其中博士生30余人。国家数学人才培养基地两次均被评为全国优秀基地；数学与应用数学专业为国家级特色专业；信息与计算科学专业和统计学专业是四川省人才培养基地。我院教学多次获得国家级和省部级教学成果奖励。培养的学生遍布全球，已有一大批成为优秀的数学家和其他行业的精英，成绩斐然。

李安民院士与学生讨论

国际交流

学院强调学生学术及国际化水平的培养，积极支持本科学生参加国内外重要学术会议，实行周学术报告制度，聘请国内外知名专家开展讲座。积极构建国内外教学资源交互机制，已与加拿大西安大略大学等多所国外知名大学签订了办学协议，我院学生可申请前往交流学习1～2年。我院每年都有40～50名本科毕业生赴欧美等国际知名大学继续攻读博士或硕士学位。数学拔尖班的学生每年都会进行国际学术交流与考察，2013—2019年先后至哈佛大学、麻省理工学院、加州大学圣克鲁兹分校、加州大学伯克利分校和斯坦福大学等世界知名学府就教育、科研以及学校设施进行了交流访问和考察。

数学拔尖班2016年在美国加州大学欧文分校访学

数学拔尖班2017年在加拿大滑铁卢大学访学

毕业去向 »»»»»

国（境）外深造院校

耶鲁大学
普林斯顿大学
哥伦比亚大学
加州大学伯克利分校
杜克大学
南安普顿大学
伯明翰大学
圣路易斯华盛顿大学
约翰斯·霍普金斯大学
伦敦国王学院
伦敦大学
瑞士洛桑联邦理工学院
东京大学
早稻田大学
南洋理工大学
新加坡国立大学
新南威尔士大学
墨尔本大学
悉尼大学
香港中文大学
香港科技大学
澳门大学
......

主要就业方向

华为技术有限公司
腾讯控股有限公司
太平人寿保险有限公司
招商银行股份有限公司
中国民生银行
中国移动通信集团
中国工商银行股份有限公司
中国电子科技集团公司
好未来教育集团
各教育事业单位
......

部分优秀校友 »»»»»

江　松 / 1978级本科生，北京应用物理与计算数学研究所研究员，中国科学院院士，曾获何梁何利基金科学与技术进步奖（数学力学奖）、国家自然科学二等奖等。

陈永川 / 1987级硕士生，南开大学教授，中国科学院院士，国家杰出青年基金获得者，联合国教科文组织贾乌德·侯赛因青年科学家奖、中国青年五四奖章获得者。

阮勇斌 / 1978级本科生，美国威斯康星大学教授，1998年世界数学家大会45分钟报告者，其在辛拓扑与量子上同调等方面的开创性研究在国际数学界有重要影响。

郁国樑 / 1983级硕士，美国德克萨斯A&M大学教授，复旦大学教授，上海数学中心首席专家，2006年世界数学家大会45分钟报告入选者。

林华珍 / 1985级本科生，西南财经大学教授，国家杰出青年科学基金获得者。

田　野 / 1989级本科生，中国科学院数学与系统科学研究院研究员，国家杰出青年科学基金获得者，曾获国际华人数学家晨兴数学奖金奖、第十二届中国青年科技奖、拉马努金奖（Ramanujan Prize）。

联系方式

学院网址：http://math.scu.edu.cn/
联系电话：028-85417936
电子邮箱：math@scu.edu.cn
微信公众号：川大数学

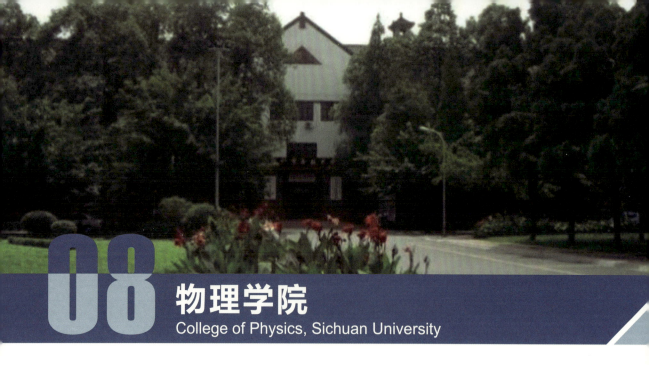

08 物理学院
College of Physics, Sichuan University

学院概况

四川大学物理学院是四川大学规模最大和办学历史最悠久的学院之一，由原四川大学的物理系和原子核科学技术研究所（720所）、原成都科技大学的应用物理系和原子与分子物理研究所、原华西医科大学的华西基础医学物理教研室于2001年7月合并组建而成。

其中，原四川大学物理系正式建立于1926年，已有90余年的历史。四川大学的物理学科不仅具有雄厚的教学、科研实力，还先后孕育、发展出了学校的无线电电子学、光电技术和材料科学等学科，为学校的发展做出了重大贡献，也为国家培养了大量杰出人才，其中包括6位院士。

学院现设有三个系（物理学系、核工程与核技术系、微电子学系）、两个教学中心（基础物理教学中心和基础物理实验教学中心）；两个研究所（原子核科学技术研究所和原子与分子物理研究所）。

现有在职教职工229人，包括院士2人，特聘和兼职院士2人，国务院学位委员会学科评议组成员2人，教育部高等学校教学指导委员会委员3人，"国家级人才计划"入选者4人，获国家优秀青年科学基金者1人，国家外专局高端外籍专家2人，四川省学术和技术带头人14人，教育部新世纪优秀人才9名，博士生导师44人，教授（研究员）60人，副教授（副研究员）69人，全职外籍教师12人。

学院拥有物理学和核科学与技术2个一级学科博士授权点，目前有13个二级学科博士学位专业、17个二级学科硕士学位专业和1个工程硕士学位专业、3个本科专业。我院原子与分子物理、核技术及应用为国家重点学科，凝聚态物理为国家重点学科培育学科，光学和理论物理为四川省重点学科。建有辐射物理及技术、高能量密度物理及技术2个教育部重点实验室，核科学与核技术教育部网上合作研究中心，原子分子工程与高压合成、微电子技术和光学3个四川省重点实验室。近几年，学院年均科研经费超过4000余万元，先后获得国家和部、省、市级科研奖励20余项，国家发明专利200余项，2011年起我校物理学科进入国际ESI排名全球前1%。

一级学科：物理学、核科学与技术

培养特色 ▶▶▶▶▶▶▶▶▶▶▶▶▶▶▶▶▶▶

物理学 ———————————————●

本科招生专业为物理学类（含试验班、基地班），1999年被确定为四川省第一批物理学人才培养基地，2007年成为国家理科基础科学研究和教学人才培养基地，2009年入选教育部首批"基础学科拔尖学生培养试验计划"（"珠峰计划"），2019年物理学专业入选教育部首批"国家级一流本科专业建设点"，2020年入选教育部首批基础学科招生改革试点计划（"强基计划"）。

物理学本科专业旨在培养掌握坚实的物理学基本理论及专业知识，具有良好的科学素养、实验技能和创新能力，能适应物理学及新兴、交叉学科、新技术领域发展需要的未来学术领军人才和高水平专门人才。

本专业涉及理论物理、凝聚态物理、光学、等离子体物理等培养方向及相关专业领域。核心课程包括微积分(I)-1、微积分(I)-2、线性代数、概率统计、数学物理方法、力学、热学、电磁学、光学、原子物理学、理论力学、电动力学、热力学与统计物理学、量子力学、计算物理、固体物理学、大学物理实验、近代物理实验、物理学专业实验等。

极低温强磁场平台

35 GPa高压平台

核工程与核技术

2007年入选首批国家特色专业。核工程与核技术本科专业瞄准国家需求,培养具有坚实的数理基础,具备核工程及核技术专业基础知识,掌握核工程与核技术专业实践技能,能在核能应用、核辐射探测、核分析、核影像以及其他核技术应用方面进一步深造,并从事相关研究、设计、制造、运行和管理的学术领军人才和行业精英。

本专业涉及核物理研究、核技术应用、核能开发等专业领域。核心课程包括微积分(I)-1、微积分(I)-2、线性代数、概率统计、数学物理方法、大学物理(力学、理论力学)、大学物理(电磁学、电动力学)、原子物理及量子物理、原子核物理基础、辐射探测与测量、辐射剂量与防护、核电子学、工程流体力学、传热学、核反应堆物理、核电站工程导论、加速器原理及技术、核分析技术、核化学与放射化学、核与辐射认知实验、辐射探测实验、辐射剂量与防护实验等。

MeV串列加速器

微电子科学与工程

微电子科学与工程专业瞄准我国微电子行业的发展需求。培养具有坚实的数理基础、电子技术和计算机基础,掌握大规模集成电路及其他新型半导体材料和器件的理论、大规模集成电路的设计方法和制造工艺原理,具有先进器件和芯片研发能力、了解行业发展动向、创新能力突出的专门技术人才。

本专业涉及系统电路设计、器件物理、工艺技术以及封装等专业技术领域。核心课程包括微积分(I)-1、微积分(I)-2、线性代数、概率统计、数学物理方法、大学物理(Ⅰ)-1、大学物理(Ⅰ)-2、电路理论/技术基础、半导体物理学、微电子器件原理、半导体材料及IC工艺原理、集成电路原理、IC设计基础、模拟/数字集成电路设计等。此外,还开设模拟芯片项目工程、微电子工艺与器件模拟、微电子器件测试与分析和集成电路设计前沿等。

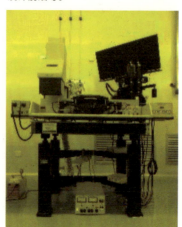

紫外光刻机

比较优势

物理学

四川大学1926年成立物理系,是中国大学最早建立的物理系之一。物理学专业2019年入选教育部首批"国家级一流本科专业建设点"。

拥有雄厚的师资力量,现有教职员工74人,其中院士2人,"国家级人才计划"入选者6人,获国家优秀青年科学基金者1人,国务院学位委员会学科评议组成员1人,教育部高等学校教学指导委员会委员2人,博士生导师20余人,教授(研究员)25人。

现有高能量密度物理及技术、辐射物理及技术2个教育部重点实验室,原子与分子物理为国家重点学科,凝聚态物理为国家重点学科培育学科。本学科为国家一级学科博士学位授权点,拥有从本科、硕士到博士后完整的人才培养体系,已为国家培养了包括6名两院院士在内的4000余名高水平学术和专门人才。

核工程与核技术

四川大学核专业始建于1958年,为国内最早设立的核专业之一。

现有专业教师及科研人员70余名,其中教授、副教授36人,博士生导师12人,国务院学科评议组成员1人,教育部核工程与核技术专业教学指导委员会委员1人,国家ITER专家委员会委员1人,教育部新世纪优秀人才3人。

经过60多年的发展,四川大学为国家培养了大批核专业优秀人才,声誉卓著。核技术及应用为国家重点学科,核工程与核技术为国家首批特色专业,核科学与技术入选四川大学"双一流"建设超前部署学科。

拥有核科学与技术、粒子物理与核物理等博士学位授权点,辐射物理及技术教育部重点实验室,以及国内先进的反应堆物理、核电子学、核物理、核辐射探测与测量、核技术应用等专业实验室;拥有2×3 MV串列加速器、CS30回旋加速器、2.5MV静电加速器、多功能高分辨原子碰撞装置等大型仪器设备。承担了众多国家级和部委级重大、重点科研项目及国际合作项目,成果丰硕。

微电子科学与工程

本专业源于1958年建立的物理系半导体物理与器件专业,是国内最早建立半导体专业的几个学校之一。2001年正式建立微电子学系。近半个世纪以来为国家培养了3000余名本科毕业生和400余名研究生,为我国的半导体工业输送了大量专业人才。

本专业教师全部拥有博士学位,现有教授4人、副教授4人、讲师6人,其中博士生导师3人,外籍教师3人,本科招生专业为微电子科学与工程,拥有微电子学与固体电子学硕士学位授予权和凝聚态物理(半导体器件与工艺物理方向)的博士学位授予权。

建有微电子技术四川省重点实验室,也是辐射物理及技术教育部重点实验室的重要组成部分,下设半导体器件工艺技术实验室、半导体物理与器件分析测试实验室和超大规模集成电路设计中心,拥有 Cadence、Synops等先进专业设计、仿真工作平台和器件制备、材料及器件分析测试系统,以及以云平台为基础的全天化、多方面覆盖的教学、学习和实训系统。

交流实践 》》》》》》》》》》

我院师生与牛津大学、伦敦大学师生合影

诺贝尔物理学奖得主、我院名誉院长丁肇中教授在我校作学术报告

我院学生参加牛津大学Hertford学院暑期交流活动

我院学生参加俄罗斯下诺夫哥罗德国立技术大学暑期访学活动

物理学院已建立了全方位、多层次、多形式的学生国际交流及国际化培养渠道,主要包括定期邀请海内外专家来校开展学术交流,传统的公派留学和自主出国项目,以"国际课程周"为主的国际交流合作,以"大川视界"大学生海外访学计划以及学院与牛津大学及其他国外名校签订的暑期交流及科研实践活动等,本科生年均出国交流人数在80人以上。

每年7月在为期两周的"实践及国际课程周"期间,学院均邀请10位左右欧美名校的教授来校开设全英文短期课程,邀请国外名校物理学及相关专业15名左右的本科生到川大开展"相约川大,格物致理"的国际交流营活动。

我院已连续4年与牛津大学 Hertford 学院合作开展了为期两周的"Science in Oxford Programme"暑期交流学习活动,2016—2019年分别派出14、15、19及24名物理学专业本科生到牛津大学交流学习。学生在牛津大学期间零距离学习多门牛津教授开设的物理学、天文学类课程,参观访问牛津大学科研实验室、博物馆,开展调研及学术展示等活动。2019年7月,学院组织18名核工程及核技术专业本科生赴俄罗斯下诺夫哥罗德国立技术大学参加了为期两周的暑期访学活动。这些国际交流活动对开阔本科生的国际视野、了解国际学科前沿、培养创新精神等均发挥了良好作用。

国(境)外深造院校

牛津大学
帝国理工学院
伦敦大学
哥伦比亚大学
康奈尔大学
加州大学
布朗大学
纽约州立大学石溪分校
威斯康星大学麦迪逊分校
新加坡国立大学
南洋理工大学
香港大学
香港科技大学
……

我院学生参加全国大学生集成电路设计大赛

我院学生参加全国大学生物理学术竞赛

我院学生到中国工程物理研究院参加科研实习

就业方向

物理学 毕业生以继续深造为主,连续多年升学率保持在70%以上,深造高校包括英国牛津大学、帝国理工学院、美国哥伦比亚大学、加州大学、布朗大学、俄亥俄州立大学、纽约州立大学石溪分校、新加坡国立大学、香港科技大学及中国科学院、北京大学、清华大学等国内外著名高校及科研单位。

核工程与核技术 多数毕业生到国内外知名高校或研究院所深造,升学率保持在50%以上。就业去向主要是国家核工业系统、核电企业、环保和医疗卫生系统,以及核技术应用单位等。

微电子科学与工程 多数毕业生到国内外大学或研究机构继续深造,升学率保持在50%以上。就业去向为集成电路设计或制造行业领军企业,大多数毕业生已成为各大研究所、行业企业的管理和技术骨干。

部分优秀校友

李荫远 / 中国固体和磁学理论的开拓者之一。1938年保送进入四川大学物理系本科学习,后转学西南联合大学。中国科学院物理研究所研究员,1980年当选为中国科学院学部委员(院士)。

沈德忠 / 我国人工晶体领域的开拓者和奠基人之一。1964年本科毕业于四川大学物理系固体物理专业,先后在原建材部非金属矿研究所(人工晶体研究所前身)、清华大学工作,1995年当选为中国工程院院士。

彭堃墀 / 我国量子光学、量子信息研究的开拓者之一。1961年本科毕业于四川大学物理系,2003年当选为中国科学院院士。现任山西大学光电研究所所长、教授,《量子光学学报》主编。曾任山西大学校长。

张兴栋 / 我国生物医学材料科学及技术的开拓者之一。1960年本科毕业于四川大学固体物理专业,2007年当选中国工程院院士,2014年当选美国国家工程院外籍院士,2016年接任国际生物材料科学会联合会主席。现任四川大学国家生物医学材料工程技术研究中心研究员、学术带头人。

蔡荣根 / 理论物理学家,中国科学院理论物理研究所研究员,主要从事引力理论和宇宙学研究,是国际上拓扑黑洞的早期研究者之一。1987年毕业于四川大学物理系,获硕士学位,2017年当选为中国科学院院士。

赵红卫 / 1988年本科毕业于四川大学应用物理系,现任中国科学院近代物理研究所研究员、副所长、党委书记。主要从事加速器物理与技术研究工作,2002年度被列入国家自然科学杰出青年基金获得者名单,2019年当选为中国科学院院士。

张天才 / 1988年本科毕业于四川大学物理系光学专业,现任山西大学教授、副校长,长期从事量子光学和冷原子物理方面的实验与理论研究,2011年度被列入国家自然科学杰出青年基金获得者名单。

肖国青 / 1983年本科毕业于四川大学物理系核物理专业,现任中国科学院近代物理研究所所长、研究员,中国核学会副理事长,中国物理学会核物理分会副主任委员,甘肃省物理学会理事长。

刘森林 / 现任中国核工业集团有限公司首席专家,曾任中国原子能科学研究院副院长,国务院政府特殊津贴获得者,入选国防科技工业"511人才工程"和中核集团"111人才工程";获部级科技进步三等奖1项。

张传飞 / 1982年本科毕业于四川大学物理系,现任中国人民解放军总装备部、国家国防科技工业局核武器专业组专家,国家国防科技工业局基础科研核科学与技术专家组副组长,惯性约束聚变点火国家重大专项专家组专家,中国人民解放军总装备部载人航天技术预先研究专家组专家。中国工程物理研究院第六届、第七届物理学科主任。先后获国家科技进步奖一等奖3项,二等奖1项。

游志胜 / 1968年本科毕业于四川大学物理系,现为四川川大智胜股份有限公司董事长、四川大学国防科技研究院副院长、计算机学院教授、博士生导师。全国空中交通管制总体技术专家,中国民航局特聘专家。

刘安胜 / 1982年本科毕业于四川大学物理系,美国Intel公司资深科学家,现任Intel公司高级科学家,是与EMOS集成电路技术兼容的多种硅基光子器件的主要发明者之一,该成果直接推动了光子/电子集成芯片的工业化。

彭 进 / 1989年本科毕业于四川大学物理系,2001年进入中芯国际集成电路制造有限公司,现任中芯国际资深副总裁、大中华区总经理。曾负责国家"七五计划""908工程"晶圆厂建设,于1996年建成了中国第一条最先进的6#生产线。他还牵头多个国家重大科技攻关项目,攻克了65nm、55nm、40nm、28nm、14nm制造工艺中的多个技术难题。

联系方式

学院网址:http://physics.scu.edu.cn/
联系电话:028-85415561
电子邮箱:physics@scu.edu.cn
微信公众号:四川大学物理学院

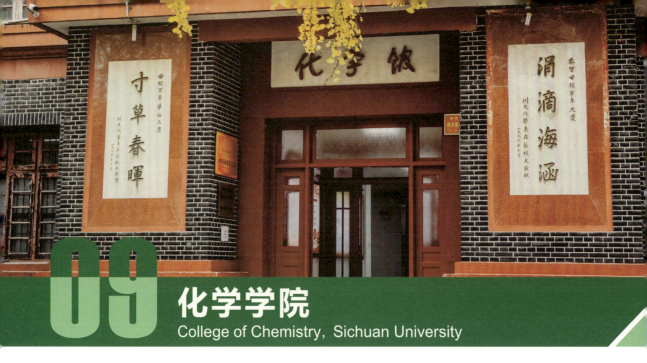

09 化学学院
College of Chemistry, Sichuan University

学院概况

四川大学化学学院是我国最早建立的化学院系之一，其办学历史可上溯至1907年四川高等学堂化学门与应用化学门的开办。学院设有化学、应用化学专业，秉承"全员参与办最好的化学本科教育"的育人理念，现已成为国家重要人才培养和科学研究基地。2008年获"国家理科基础科学研究和教学人才培养基地"，2009年评为国家拔尖人才培养试点单位和国家特色专业，2011年获国家自然科学基金委"放射化学特殊学科点"，2017年在第四轮学科评估中获评A-，入选国家"双一流"建设学科，2019年化学专业入选首批国家级一流本科专业"双万计划"，2020年入选强基计划试点单位。川大化学弦歌不辍，著名学者任鸿隽、张洪沅、张铨、鄢国森等大家在此兴学立言，共为国家培养了院士/国家杰青等国际知名专家学者、国家高级管理人才、上市企业创始人等在内的各类人才近15000余名。

培养特色

学院始终把立德树人作为根本任务，以培养国家栋梁和社会精英、建设国内一流、世界领先的化学专业为办学定位和目标。学院贯彻"办最好的化学本科教育"的理念，以课堂教学改革为突破口，推进"探究式一小班化"教学和全过程学业评价；坚持"手脑并重，知行合一"，强化科研和实验技能，以创新能力培养为主线，构建"321多层次实践教学体系"，即3个第一课堂平台（基础实验教学、综合实验教学、探索创新实践平台）、2个第二课堂平台（课外实践教学、横向联合资源共享平台）、1个信息平台（信息化资源共享平台）；依托学科优势及特色，坚持科研前沿进课堂，将科研引导和训练贯穿一流创新人才培养的全课程和全过程；完善和夯实课外实践平台，用科研训练和科学问题激发学生志趣，促使学生由被动适应转为主动求索；以"双一流"学科、国家一流专业、国家双创示范基地、"拔尖计划"以及"强基计划"等平台建设为契机，重视学科交叉、领域融合；以学术型社团为载体，鼓励成立跨年级、专业和学院的多学科、多层次交叉学术型社团，形成多领域、多层次师生互动平台，训练学生的思辨能力和综合能力。

化学基础实验教学中心大楼

我院学生举办"创意化学社"活动

专业剖析

化学学院按照化学大类招生，入学后分别进入化学强基计划(本、硕、博贯通式培养)、化学试验班(拔尖班)、化学基地班和化学类学习。化学类学生在大三时，综合个人意愿和前两年学业成绩进入化学和应用化学专业学习。学院始终把人才培养放在首位，秉承"立足基础，面向国家需求，服务社会"的办学宗旨，培养具有深厚人文底蕴、扎实专业知识与化学智慧、强烈创新意识、宽广国际视野的国家栋梁和社会精英。毕业生系统扎实地掌握化学基础知识、基本理论和基本技能，既能从事化学及相关领域的科研、教学、应用开发及管理工作，也能进一步深造和发展成为化学

领域的学术大师或领军人才。化学专业的核心课程包括无机化学、分析化学(含仪器分析)、有机化学、物理化学(含结构化学)、高分子科学导论、绿色化学、合成化学及化学信息学以及化学相关前沿课程和实验课程。

学院全职外教Jason Chruma教授为拔尖班同学授课

比较优势

一流的师资队伍

学院现有专任教师130人，其中正高级人才70人，副高级人才47人。学院有中国科学院和中国工程院院士3人(含双聘1人)、国家杰出青年8人(含B类1人)、国家海外高层次人才2人、国家教学名师奖获得者1人、教育部高等学校教学指导委员会委员3人及其他类型国家级计划人才10人。

一流的学科条件

学院是国家首批研究生培养单位，1986年获得博士学位授权点，1999年获得化学博士授予权一级学科点，2000年获准博士后流动站，博、硕士点涵盖了无机化学、分析化学、有机化学、物理化学、高分子化学与物理、绿色化学、化学生物学、放射化学等二级学科。有机化学为国家重点学科，高分子化学与物理是国家一级重点学科"材料科学与工程"重要建设方向，放射化学专业是国家自然科学基金委设立的"放射化学特殊学科点"。学院先后入选首批"国家理科基础科学研究和教学人才培养基地"、国家拔尖人

才培养试点单位、国家特色专业、国家"双一流"建设学科、国家级一流本科专业("双万计划")、"强基计划"试点单位。

学院建有省部共建协同创新中心、国家地方联合工程实验室、国家自然科学基金委创新研究群体、教育部重点实验室、高等学校学科创新引智计划(111计划)等14个省部级及以上科研平台，仪器设备资产累计2亿元。

一流的科研成果和社会影响力

化学学科进入基本科学指标数据库(ESI) 0.41‰、自然指数(Nature Index)全球第9名，第四轮学科评估中获评A-，入选国家"双一流"建设学科，是四川大学重点建设的六个高峰学科之一。近十年，获得包括未来科学大奖、全国创新争先奖奖章、国家自然科学二等奖、国家科技进步二等奖、国家技术发明二等奖等在内的国家级、省部级以及重要社会科技奖励20余项。学院在基础研究、工程技术和产业转化等领域取得了多项重要成就，特别在手性分子科学、无卤阻燃高分子材料等

领域产生重要国际国内影响。

一流的人才培养

学院为国家培养了陈荣悌、肖伦、高士扬、陈芬儿、赵宇亮、蒙大桥6位院士、30多位国家级计划人才、数十位国家高级管理人才和上市企业创始人等在内的各类人才近15000余名。

冯小明院士指导学生

王玉忠院士指导学生

国际化培养 ▷▷▷▷▷▷▷▷▷▷▷▷▷▷▷

构建师资、学生、课程和办学国际化培养模式,通过"三覆盖一配合"鼓励和支持学生参与国际交流,提升学生国际化视野和全球胜任能力:

(1)拔尖班、基地班学生及有科研成果大类学生参加国际学术会议全覆盖;

(2)拔尖班学生及优秀的基地班学生国际一流大学访学全覆盖;

(3)依托四川大学"国际课程周",实现学生国际学习交流经历全覆盖;

(4)配合"大川视界",支持学生出国访学和联合培养。

四川大学已与33个国家地区的220所国际知名大学建立了多层次的联合培养体系,学院与美国加州大学伯克利分校、弗吉尼亚大学、乔治亚州立大学、新加坡国立大学等多所世界名校建立暑期科研、"3+1"、"3+2"等交流项目。学院积极融入和助推校地/校企发展,打破关键核心技术"瓶颈",为国民经济发展和科技进步注入新动能。例如,在阻燃领域提出和发展了新的阻燃原理和方法,助力多个大类产品在国际市场上具有很高的占有率,个别产品市场占有率超过80%;天然气车和摩托车催化剂国内市场占有率第一,超过巴斯夫等国际知名企业,为环境保护做出了重大贡献。

化学拔尖班同学2017年赴新加坡国立大学交流

化学拔尖班同学2016年赴美国西北大学交流(与诺贝尔化学奖得主J.Fraser Stoddart爵士交流)

1987年诺贝尔化学奖得主Jean-Marie Lehn教授来访化学学院并作讲座

2016年诺贝尔化学奖得主J.Fraser Stoddart爵士来访与化学学院学生亲切交流

毕业去向

国（境）外深造院校

"强基计划"和拔尖班学生深造率为100%，近三年学生总体深造率为60% 左右。学生进一步深造的国内外一流高校包括：

哈弗大学

加州大学

芝加哥大学

斯坦福大学

康奈尔大学

布朗大学

西北大学

牛津大学

剑桥大学

加拿大多伦多大学

瑞士联邦理工学院

新加坡国立大学

北京大学

清华大学

……

主要就业方向

化学专业毕业生就业途径广泛，主要包括与化学相关的企事业单位、教育机构以及其他跨专业单位等，在制药、质检、海关、烟草、石油石化、化工、电子、材料、教育机构及院校、基层选调生及公务员等领域有极强的竞争力。

本科生主要就业优势单位有：

各级政府部门

各类事业单位

各研究院所

药明康德

睿智化学

腾讯科技

安捷伦科技

中国烟草

中国核动力研究设计院

华为技术有限公司

中国原子能科学研究院

中国石化集团

部分优秀校友

院士

肖 伦 / 四川大学理预科班学习，1980年当选为中国科学院院士。

陈荣悌 / 1947年四川大学化学系毕业，1980年当选为中国科学院院士。

高世扬 / 1953年四川大学化学系毕业，1997年当选为中国科学院院士。

陈芬儿 / 1999年获四川大学化学学院有机化学博士学位，2015年当选为中国工程院院士。

赵宇亮 / 1985年四川大学化学系毕业，2017年当选为中国科学院院士。

蒙大桥 / 1980年四川大学化学系毕业，2019年当选为中国科学院院士。

部分高级管理人才及国际知名学者（改革开放后）

毛宗万 / 中山大学化学学院院长。

谢代前 / 南京大学理论与计算化学研究所所长。

胡文浩 / 中山大学药学院院长。

刘海超 / 北京大学教授。

龙亚秋 / 苏州大学医学部副部长。

欧阳刚锋 / 中山大学研究生院副院长。

高毅勤 / 北京大学化学院院长。

马 丁 / 北京大学教授。

周绍兵 / 西南交通大学教授。

王新平 / 南京大学教授。

蒲 林 / 美国弗吉利亚大学教授。

龚 兵 / 美国布法罗纽约州立大学教授。

孙守恒 / 美国布朗大学教授，分子与纳米前沿研究所副所长（1984）。

程 震 / 美国斯坦福大学教授。

部分创新创业企业家

王晓光 / 青岛三力化学工业有限公司董事长（1983）。

吕蔺强 / 顺通集团有限公司董事长（1983）。

王 琦 / 宏坤集团董事长、总裁（1985）。

聂圣哲 / 德胜洋楼有限公司董事长（1985）。

汤维清 / 招商证券股份有限公司副总裁（1985）。

何旭斌 / 浙江龙盛化工研究有限公司总经理（1993）。

居年丰 / 重庆博腾制药科技股份有限公司董事长（1993）。

洪爱金 / 杭州初灵信息技术股份有限公司董事长（1993）。

杨 飞 / 石林爱生行生物科技有限公司总经理（2003）。

黄清东 / 创立百特万合、百特芳华、澄华生物三家生物医药企业（2004）。

联系方式

学院网址：http://chem.scu.edu.cn/

联系电话：028-85410765 / 85415810

电子邮箱：chemjwb@scu.edu.cn

微信公众号：四川大学化学学院

四川大学化学学院团委学生会

生命科学学院大楼

10 生命科学学院
College of Life Sciences, Sichuan University

学院概况

　　四川大学生命科学学院历史悠久，发轫于1916年建立的博物部，1924年建立生物系，1994年成立生命科学与技术学院，1998年更名为生命科学学院。著名生物学家与教育家周太玄、近代植物学的奠基人钱崇澍、著名植物学家方文培、细胞生物学家雍克昌等中国近代生物学先驱曾在此辛勤开拓，为开创和发展我的生物学事业做出了杰出贡献。在100余年的办学历程中，生命学院为国家培养了上万名毕业生，桃李遍布，涌现出一批在各行各业承担重任的栋梁之才，取得了卓越的人才培养成效，已成为我国生物科学高层次人才培养的重要基地。

　　学院现有生物学、生态学两个本科专业和注重学科交叉的"计算生物学"双学士学位项目；拥有国家基础学科生物学拔尖学生培养试验班、国家生物学人才培养基地和国家生命科学与技术人才培养基地，生物科学专业入选"强基计划"。

　　面向世界生命科学前沿及发展趋势，面向国家重大战略需求，面向经济建设的主战场，学院将进一步发挥高水平研究型大学优势，秉持"海纳百川"的川大精神，汇聚国内外优质教育教学资源，按照"以人为本，崇尚学术，追求卓越"的办学理念，坚持"分类指导、个性培养、注重创新、面向世界"的培养原则，进一步将学院打造成我国西部生命科学拔尖创新人才培养的高地。

趣味运动会

体育舞蹈比赛

迎新晚会

瑜伽比赛

培养特色

四川大学生命科学学院拥有生物学和生态学2个一级学科博士学位授权点及植物学、遗传学两个国家重点学科,研究领域既包括了生物学基础理论研究,又涵盖了现代高新生物技术应用研究,着力于生物、生态环境保护、农业、医学等方面的研究与应用,承担着为国家培养高层次专门人才和开展重大科学技术研究的双重任务。

借助试点学院这个"教改特区"的政策,学院在创新人才培养模式方面进行了大力改革,遵从高等教育发展和人才成长基本规律,积极落实"全面发展"的人才培养理念、"全员育人"的人才培养机制、"全方位服务"的育人管理体系,以高水平师资实现"探究式—小班化"教学,以科学研究带动学生创新精神和能力的提升,人才培养模式突出个性化,使每个学生都能选择到适合自己的教育,使每个学生的特长和潜质都能得到发挥和发展。旨在培养具有深厚的人文底蕴、扎实的专业知识、强烈的创新意识、突出的实践能力、宽广的国际视野,能够在生命科学及相关领域从事科学研究、技术开发、教学及管理等工作的国家栋梁和社会精英。

第三届中国"互联网+"大学生创新创业大赛国家级银奖

iGEM国际大赛金奖

第三届中国"互联网+"大学生创新创业大赛比赛现场

我院参赛学生在iGEM大赛现场合影留念

专业剖析 〉〉〉〉〉〉〉〉〉〉〉〉〉〉〉〉〉〉〉〉〉〉〉〉〉〉〉〉〉〉

生物科学

生物科学是研究生物体的形态、结构、生长、发育、繁殖以及遗传、变异、衰老等生命活动规律的学科。我院生物科学专业为国家级特色专业，2019年入选国家一流建设专业，本专业涵盖基础学科生物学拔尖学生培养试验班、"强基计划"等。该专业依托我院ESI前1%的生物学与生物化学、分子生物学与遗传学、植物学与动物学学科和西南地区得天独厚的资源，以及国家级生物科学实验示范中心、国家生物学人才培养基地专业课教学团队，办学特色鲜明，办学成效显著，学生的深造率达到70%以上。目前，在全国296所开设有生物科学专业的院校中，根据武汉大学中国科学评价研究中心《中国大学及学科专业评价报告》，我校生物科学目前在全国排前10位，在《2018中国大学评价》中，生物科学全国排名第4位(291)。

生态学

生态学专业是一门涉及生物与环境、生态规划与工程、环境评价、自然资源管理、生态与经济发展等领域的科学，强调宏观与微观研究相结合。我院生态学专业是在原四川大学生物系动物学和植物学专业的基础上于1986年成立的，是我国招收生态学专业本科生最早的高校之一。经过30年的不断努力与创新，生态学专业得到了良好的发展与进步，拥有雄厚的师资力量和很强的科研实力，已成为我国生态学专业高层次人才培养和科技创新的重要基地。2019年入选四川省一流建设专业。《中国大学及学科专业评价报告》显示，2015—2017年我校生态学专业排名保持全国领先，分别是第7/80、7/80、9/82。

计算生物学双学士学位项目

计算生物学双学士学位项目是在2014年创办"计算生物交叉试验班"的基础上设立的，该专业充分利用了四川大学多学科、综合性、研究性、开放式的办学优势，由我院与软件学院联合创办。本专业瞄准生命科学领域大数据时代的智力资源缺口，培养系统掌握数理统计、计算机和生命科学的基本知识，具有解析超复杂性生命数据的技能，能从事现代社会急需的复杂数据计算、处理和研究的复合型、宽口径和高素质人才。"计算生物交叉试验班"已有两届毕业生，共计53人全部顺利毕业并取得双学位，国内深造率为55%，国外深造率为19%。

生命科学学院（江安校区）第一基础实验楼

比较优势

学院具有独具特色的科研方向及雄厚的科研实力，围绕重要生物资源保护利用及重要功能基因与人类健康等主题，与农、医、药、化学及信息学科交叉融合，在大熊猫繁育保护、生物能源、植物抗逆、非编码RNA、细胞代谢及肿瘤生物学、动物疫病防控等基础研究及关键技术领域形成特色鲜明、优势突出的研究方向。一级学科生物学在第四轮学科评估中为A-，其下覆盖的主要学科：生物学与生物化学进入ESI世界前0.5%，分子生物学与遗传学、植物学与动物学、农业科学进入ESI世界前1%。在国家"双一流"A类大学建设中，"资源生物学与高原生态学"被列为四川大学超前部署建设学科。

学院师资力量雄厚，有国家级人才计划15人，省级人才计划9人。其中正高（教授或研究员）54人，副高（副教授或副研究员）41人，高端外籍教师3人，正高和副高教师承担了学院绝大部分的专业核心课及专业主干课的教学工作。

学院拥有1个教育部重点实验室（生物资源与生态安全教育部重点实验室），1个省部共建国家重点实验室培育基地（四川省濒危野生动物保护生物学重点实验室），6个四川省重点实验室，且所有科研平台全部为本科生开放，作为本科生科研训练、大学生创新性实验项目开展以及从事毕业论文相关研究的场所。

细胞房

此外，学院还拥有"国家级生物科学实验教学示范中心"和"国家级生物科学与技术虚拟仿真实验教学示范中心"，负责本科生基础实验课程和综合实验课程的开设。学院所属自然博物馆已有近80年历史，馆藏植物标本72万份，动物标本14万份，是全国最大的大学自然博物馆。学院建有国家级的峨眉山以及王朗、若尔盖等8个野外实习基地，还与中国医药集团总公司成都生物制品研究所、新希望集团等多个高新生物技术企业联合创办了9个生物技术实训基地，为学生的野外综合实习及企业实训提供了充分的保障条件。

VR沉浸式体验实验室

显微互动室

虚拟仿真实验室

生命科学学院自然博物馆

国际化培养

培养具有国际视野和国际竞争力的拔尖创新人才是我院本科人才培养的重要目标之一。我院倚靠具有多年海外留学经历的专业课任课教师，同时积极聘请外籍教师，开设了多门全英文授课课程。此外为了使学生有更多机会接受知名学者的指导，了解国际科学前沿的发展动态，开拓他们的国际视野，每年还聘请多名国际知名学者和大师开设短期课程、担任学生的科研指导工作或者来我院进行学术讲座与交流。

萨拉大学、以色列本·古里安大学建立了长期稳定的海外科研实习基地，为学生的海外交流学习特别是科研训练提供条件保障。

我院学生在以色列本·古里安大学进行交流

我院学生参加国际会议

2019年植物生物学大会

我院学生参加iSURE交流合影

2018年国际学术会议

依托我院与国外著名高校及研究机构建立的长期稳定的交流关系，充分利用国外一流高校及著名科研机构的资源，选拔优秀学生以联合培养、暑期学校、短期实习和考察等方式和渠道送到国外一流大学进行学习和交流，而且提供必要的经济支持。学院还先后与美国康涅狄格大学、瑞典乌普萨拉大学以及以色列本·古里安大学签订了联合办学协议，联合培养生物学拔尖创新人才。我们同时在瑞典乌普

毕业去向

国（境）外深造院校

牛津大学	杜克大学	乌普萨拉大学
帝国理工大学	约翰霍普金斯大学	新加坡国立大学
耶鲁大学	纽约大学	香港中文大学
哈佛大学	麦吉尔大学	香港科技大学
加州大学	东京大学	……
普渡大学	苏黎世联邦理工学院	

主要就业方向

学院超过70%的本科生选择在国内外一流高校继续深造，有接近20%的同学选择直接就业。就业主要方向有生物技术、医药、食品、环保企业和企事业单位等。

部分优秀校友

卢欣 / 1982年毕业于四川大学生物系。同年考入协和医科大学攻读硕士研究生，师从著名医学遗传学家吴旻院士。1986年获世界卫生组织国际癌症研究基金会奖学金，赴英国帝国癌症研究所进修。1990年获英国帝国癌症研究所博士学位。被全英细胞生物学会评选为"青年细胞生物学家"。2000年被帝国大学聘为全英第一位华人女教授。2004年出任路德维格癌症研究所伦敦大学学院分所所长，成为全英第一位华人科学研究所所长，也是路德维格第一位女所长。2007年创建了路德维格癌症研究所牛津大学分所并任所长。长期从事细胞分子肿瘤学研究，在世界顶级杂志发表了80余篇研究论文及综述。受聘多种杂志高级编审、编委，是Oncogene的常务主编。2007年当选为英国皇家病理学院院士。2011年10月当选为欧州生命科学院院士。2020年5月当选为英国皇家学会院士。

雷朝滋 / 1983年毕业于四川大学生物系，现任教育部科学技术司司长。曾任国家教育部科技司副司长、教育信息化推进办公室副主任；曾先后担任教育部人事司综合处处长、教育部科技司副司长、广东省教育厅副厅长、广东省科技厅副厅长、广东省教育部产学研合作领导小组办公室副主任、全国高等学校学生信息咨询与就业指导中心主任。

杨晓 / 1987年毕业于四川大学生物系遗传学专业，现任博士生导师，军事科学院军事医学研究院生命组学研究所研究员，蛋白质组学国家重点实验室副主任，中国遗传学会副理事长。Developmental Cell，Cell Stem Cell等SCI杂志上发表研究论文和综述 144 篇（google scholar 引用 10121 次，H 指数 49）。主编和参编国内外专著 13 部。获得欧盟、日本和中国发明专利 4 项。2012 年荣获国家自然科学二等奖（署名第 1）、2013 年荣获国家科技进步创新团队奖（署名第 5）。入选 2014—2017年中国生化、遗传和分子生物学领域"高被引学者"。2000年获得国家杰出青年基金资助。曾经荣获中国青年女科学家奖、求是杰出青年奖、中国青年科技奖、军队杰出专业技术人才奖。兼任 Journal of Biological Chemistry等多种国际知名科学期刊编委。

鲁先平 / 1983年毕业于四川大学生物系生物化学专业。现任深圳微芯生物科技有限公司董事、总裁兼首席科学官，广东省科技专家委员会委员，深圳市科技专家委员会委员及生物、医药、医疗器械及环保组组长，科技部"863"专家。公开发表论文近60篇，其中3篇文章分别发表在Science，Nature 和Nature Medicine杂志上。申请国际（PCT）、美国及中国发明专利近50项，已获得10项国际专利、8项美国专利和12项中国专利授权。1989年获卫生部医药卫生科学技术进步奖三等奖。

张邦鑫 / 2001年毕业于四川大学生物科学专业。现任好未来（原学而思教育）董事长兼CEO。2018年3月被聘为四川大学客座教授。 2018年10月，张邦鑫以360亿元人民币财富位居2018年胡润百富榜第68位。2019年福布斯全球亿万富豪榜排名第303位，财富值57亿美元。

王祥喜 / 2009年毕业于四川大学生物技术专业。现任中国科学院生物物理研究所感染与免疫重点实验室副主任、研究员。他围绕重大传染性疾病直接相关的病毒全颗粒以及与中和性抗体、关键受体复合物的结构与功能展开研究，设计阻断病毒入侵的高效小分子抑制剂。他带领科研团队，参与重大传染性疾病病毒灭活疫苗的研发，获得临床试验批件。 获得2020年"全国向上向善好青年"称号。

联系方式

学院网址：http://life.scu.edu.cn/
联系电话：028-85412055 / 85412478
电子邮箱：SCULSC_ZS@163.com
微信公众号：sculife028

11 电子信息学院
College of Electronics and Information Engineering, Sichuan University

学院概况

四川大学电子信息学院组建于1998年,学院的变革和发展可追溯到1954年,是一个具有较长历史而又蓬勃发展的学科型实体学院。学院始终坚持社会主义办学方向,坚决贯彻执行党的教育方针政策,坚持用习近平新时代中国特色社会主义思想武装头脑、指导实践、推动工作,目前学院已经形成了以学科建设为龙头、本科教育为基础、研究生教育和科学研究为重点的办学格局。学院将继续坚持"厚基础、宽专业、强应用、扬个性、重创新"的办学理念,以立德树人为根本,以人才培养为中心,以师资队伍建设为抓手,以社会需求为导向,以培养"基础扎实、视野开阔、能力卓越"的一流人才为目标,建设一流学科,努力培养高水平电子信息人才,服务于国家电子信息产业的建设和发展。

学院设有电子信息工程、光电信息科学与工程、通信工程三个本科专业。本科招生以电子信息类大类招生,学生入学后,学院按大类在同一公共基础课平台和专业基础课平台对学生进行培养,1年以后学生根据自己的专业兴趣、就业方向以及学院的教学资源与条件等情况,分专业继续学习。

微波暗室

培养特色

经过多年的教学实践,电子信息学院已经构建成为多样化的人才培养体系。

大类招生培养

我院自2017年起开始实行电子信息大类招生,即经过1年的大类培养后,学生通过专业分流进入电子信息工程、光电信息科学与工程、通信工程三个本科专业学习,这在一定程度上满足了学生自由选择专业的愿望,激发了学生自主学习的积极性,降低或消除了学生高考填报志愿的盲目性,满足了学生多样化的成才需求。

卓越工程师培养

电子信息工程、通信工程为国家"卓越工程师教育培养计划"建设专业,"卓越工程师班"执行独立的培养方案,旨在提高学生的工程意识、素质和实践能力;同时,吸引行业企业深度参与,共同制定专业培养标准和培养方案、共同实施培养过程、共同评价培养质量,培养学生工程实践能力,提高学生综合素质。

光电专业实验室

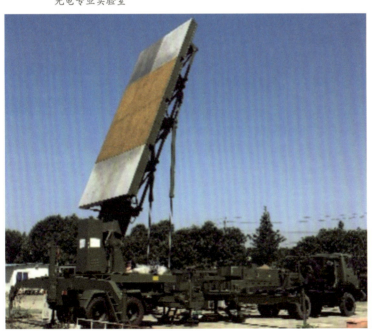

机动式微波无线能量供给站

订单式培养

深入推进专业与产业对接,实现多途径深度合作。学院先后与四川长虹电子集团公司、四川九洲电器集团、成都锦江电子系统工程有限公司、成都优博创通信技术股份有限公司、成都万江港利科技股份有限公司等相关企业签订校企联合培养协议,培养方案根据企业需求制定,实现课程内容与职业标准对接、教学过程与生产过程对接、人才培养与学生就业创业对接。

创新人才培养

学院建立了五大培养平台和创新人才培养协同机制,为"三段式"培养模式的实施提供有力支撑,有针对性地分三个阶段锤炼学生的工程创新能力。本科生创新成果丰硕,2005年以来获得包括"大挑战杯"和"小挑战杯"国家一等奖在内的国家奖49项。本科生申请或获得国家专利29项,发表科技论文51篇,其中12篇被EI检索。

工程领袖特色人才培养

依据四川大学"323+X"本科创新人才培养模式和全国双创示范基地建设目标,紧密围绕服务国家中心城市建设、西部地区新型工业化发展对领袖型工程人才的需求,创新教育教学理念,依托本单位高层次科研团队,以"973计划"、"863计划"、国家重大专项、国际合作项目、重大工程项目为支撑,规划设计工程创新人才和工程领袖人才培养的教学体系和实践实战环境,构建"五大创新平台"和"协同机制",提出"三段式"工程领袖人才培养模式,改革评价导向,造就学生扎实的专业基础、突出的创新意识和卓越的项目领导能力,把学生培养成未来的重大工程项目的领导者和指挥者。

专业剖析

电子信息工程

该专业是"四川省特色专业"，2011年入选国家"卓越工程师教育培养计划"，2019 年入选"国家级一流本科专业"。本专业致力于培养掌握信息电子技术、计算机科学、自动控制原理与技术、模拟与数值电子技术、信号处理技术，具备本专业的基本理论素质、专业基础知识和基本技能的高级专门人才。目前国家对电子信息工程人才的需求量十分巨大，学院紧跟时代步伐，在人才培养与科学研究方面主要面向电子信息产品制造业、光电技术集成产业以及新兴通信产业的需要，以工程应用与应用基础作为主体始终坚持在人才培养方面必须适应国家需求，以行业发展为主导并以缓解社会对电子信息人才的供需矛盾为己任。

主干课程：电路理论、模拟电子技术、数字电路设计及应用、信号与系统、微机原理与接口技术、电磁场与电磁波、微波技术基础、嵌入式系统课程设计等。

光电信息科学与工程

该专业历史悠久，专业适用面广，生源稳定，是四川省特色专业，2019年入选"四川省一流本科专业"。本专业致力于培养具备光信息科学基本理论素养、专业基础知识和基本技能，受到严格的科学实验训练和科学研究初步训练，具有较高综合素质的高级光信息技术专门人才。历经多年的成长、壮大、改革和提高的办学历程，已形成"宽基础、重实践、科研促学"特色鲜明的专业发展及人才培养方向，在三维信息获取和三维显示领域形成了自己的特色。

主干课程：电路理论、模拟电子技术、数字电路设计及应用、信号与系统、电动力学、激光原理及技术、应用光学、物理光学、薄膜光学与技术、光信息处理、光电器件及检测技术、光电精密仪器课程设计。

通信工程

2011年入选国家"卓越工程师教育培养计划"。面向新一代通信技术和国内外通信工程领域发展需求，本专业致力于培养具有高尚的职业道德、社会责任感，具备胜任工程师或相应的专业技术能力，能够在通信等相关领域中胜任科学研究、产品开发、工程设计、生产制造、网络运维或技术管理的工作；通过自主学习及终身学习增加知识和提升自身能力，具备融合贯通多学科知识解决通信系统中复杂工程问题的能力。

主干课程：电路理论、信号与系统、模拟电子技术、数字电路设计及应用、电磁场与电磁波、微机原理与接口技术、现代通信技术、嵌入式系统课程设计、通信电子线路、移动通信技术、随机信号分析与仿真、数字信号处理、光通信技术等。

比较优势

电子信息学院汇聚了高水平科研和工程团队，构建了多学科交叉、教学与工程相长、"产学研"融合、校内外协同等层面的协同机制。依托"五大创新培养平台"，以多种形式的创新实践为载体，拓展了本科生工程技术能力、创新素质和工程领导力的培养途径。强调对学生的把握全局、协同创新、团结协作、项目管理、领导力和解决复杂工程技术问题的能力进行综合考评，从评价体系上积极引导学生工程创新品质的塑造。

学院为培养计划建立了组织管理培养体系，包括院领导、各系教研室负责人以及教务和学生科人员组成的管理队伍，由科研和教学骨干为核心组成的师资队伍，作为指导教师，推行制度化的组织、管理、培养工作。

学院有雄厚的科研实力，注重科研成果向教学转化，以科研促进教学是

提高本科教学质量的重要途径，也是学院本科教学的特色之一。学院积极鼓励教师和教学科研团队及时将科研成果转化为教学资源，不断用最新科研成果充实和改革教学内容，同时鼓励教师吸收本科生参与教师所主持的科研课题，以此来激发学生的学习兴趣。

通过对电子科技园自主管理、本科生在创新实验室的锻炼和教师有针对性的培训和指导，培养了一大批思维活跃、具有强烈创新意识、实践能力强的优秀学生，近年来取得全国大学生

创新第二课堂建设

"挑战杯"一等奖、全国大学生电子设计竞赛一等奖、全国大学生光电设计竞赛一等奖、全国大学生信息安全竞赛一等奖等各种奖项100多项。

国际化培养

学院注重对外合作与交流，2015年由学院与法国图卢兹大学LAPLACE实验室合作，共同建立了中法微波能应用联合实验室；与英国布拉德福德大学建立了中英高级通信与信号处理技术联合实验室；与英国桑德兰大学建立了中英数据科学研究与创新联合实验室；与美国、俄罗斯、加拿大、德国、新加坡、意大利、挪威、韩国、中国香港等20多个国家和地区的高等院校和科研院所建立了广泛的合作与交流。

学院先后与新加坡国立大学和波兰罗兹大学签订了暑期实习实训项目协议，每年暑期学院将在大二、大三学生中选拔不少于50名学生前往这两所大学参加暑期实习实训项目。另外，学校还有诸多"大川视界"交流项目可供学生选择，通过各项国际交流项目，让学生走出国门，接受最先进的专业知识教育，努力把学生培养成具有宽广国际视野的国家栋梁和行业精英。

学院举办中欧双边国际会议

新加坡国立大学大学生
海外实习实训基地

学院邀请国际知名教授
与学生做学术交流

部分优秀校友

李正茂
中国电信集团有限公司董事、总经理、党组副书记。

祝世雄
中国电子科技集团公司第三十研究所副所长。

付 强
滴滴出行OFO执行总裁。

曹 冲
华为驻俄罗斯企业总裁。

何骏涛
华为无线网络天线集成与验证部经理。

梁 丹
华为基站平台部Chebyshev Lab首席工程师。

李衡宇
百度无人车事业部总体技术负责人。

辛鹏骏
工业和信息化部主管的《通信产业报》（网）总编辑。

鲁 锦
开发"鲁大师"和"Windows优化大师"两款软件。

毕业去向

国（境）外深造院校

哈佛大学
加州理工学院
帝国理工学院
芝加哥大学
宾夕法尼亚大学
哥伦比亚大学
杜克大学
新加坡国立大学
南洋理工大学
早稻田大学
东京大学
墨尔本大学
爱丁堡大学
……

主要就业单位

华为、中兴、字节跳动（抖音、今日头条）、阿里巴巴（蚂蚁金服、阿里云）、腾讯（腾讯云、腾讯游戏）、美团、百度、京东、滴滴、金山云、中国电科、中国商飞、商汤科技、旷视科技、四大国有银行等。

联系方式

学院网址：http://eie.scu.edu.cn/index.jsp
联系电话：028-85463873
电子邮箱：andiks@scu.edu.cn

12 材料科学与工程学院
College of Materials Science and Engineering, Sichuan University

学院概况 》》》》》》》》》》》》》

四川大学材料科学与工程学科最早起源于1941年,经多个优势学科多次创新融合而成,是国家"双一流"建设学科(全校仅6个),一级学科国家重点学科(全校仅5个),ESI全球排名前1‰(全校仅4个),第四轮学科评估为A类,2019上海软科世界一流学科排名世界前100名,是四川大学重点建设的12个一流特色优势学科,也是国家"211""985"工程重点建设学科。近80年来,以中国工程院院士涂铭旌教授为代表的一大批著名专家、学者在此教书育人,为国家培养了一代代科技英才和企业精英。

材料科学与工程学院依托国家"双一流"学科建设优势,面向国家重大工程、战略新兴领域、年产值超10万亿的新材料与新能源产业,主要从事材料科学与工程领域的研发精英、企业领军及卓越工程师等高级专业人才的培养,科学研究及社会服务,是一个既有传统学科优势,又有新兴交叉学科及高新技术研究特色的理、工结合的学院。

涂铭旌院士

一级学科国家重点学科授牌

我院学生进行暑期社会实践

学生毕业留念

培养特色

学院以面向未来的新工科建设为导向,实施"跨学科—专业贯通式人才培养计划""全球胜任力和未来领袖培育计划"及"本硕贯通式人才培养计划",广泛实施"探究式—小班化"教学、全过程考核、创新创业教育、国际名师讲学、国际访学和实践等人才培养新举措。取得了包括国家级优秀教学成果奖、国家级精品资源共享课程等丰硕教学成果,已培养出院士、国家特聘专家、教授、政府领导、央企高管、民企董事长等一大批国家栋梁和社会精英。

学院在保持并发挥先进材料领域的传统学科方向优势的同时,突出理、工结合及新兴交叉学科的特色,加强材料学科方向的交叉与融合,加速新兴学科的发展,不断开辟新的研究领域,形成了稀土钒钛功能材料与纳米材料技术、无机光电与信息功能新材料、新能源材料与器件等优势特色研究方向。

刘颖教授团队获国家技术发明奖(二等)

我院学生获得中国"互联网+"大学生创新创业大赛金奖

专业剖析

学院设有材料科学与工程和新能源材料与器件2个本科专业,5个博、硕士学位授权点,2个博士后流动站,形成了"本一硕一博"完整人才培养体系;研究领域涵盖材料物理与化学、凝聚态物理、材料学、新能源材料与器件等。2019年,材料科学与工程专业入选首批全国一流本科专业建设点,国家级特色专业新能源材料与器件专业入选首批四川省一流本科专业建设点。

材料科学与工程

在稀土钒钛功能材料与纳米技术、无机光电与信息功能材料等领域,尤其是稀土永磁为代表的稀土功能材料与器件、电子信息材料与器件、光电功能材料与器件、二维纳米材料、量子点材料、柔性显示材料、先进纳米碳材料、高性能钒钛合金及特种金属功能材料、高性能结构陶瓷、3D打印为代表的材料制备加工新技术等方向具有鲜明特色。承担国家级科研项目80余项,获国家技术发明奖(二等)、国家科技进步奖(二等)、国家优秀教学成果奖以及省部级科研、教学奖励20余项;近三年,本科生获国家、省部级奖励100余项。

核心课程: 固体物理、材料科学基础、材料工程基础、现代材料制备科学技术、先进材料加工原理、材料结构分析与表征、材料力学性能、材料物理性能、光电子材料与器件和复合材料等。

本科生毕业去向: 可进入耶鲁大学、牛津大学、麻省理工学院、中国科学院、清华大学、北京大学、四川大学等国内外知名高校继续深造;可进入华为、中广核、英特尔、京东方、中国建筑等世界500强企业工作;也可成为航空航天、国防军工、电子信息、汽车、轨道交通、现代制造企业、海洋工程、新材料研发等行业的技术骨干和管理精英。

新能源材料与器件

作为国家级特色专业,新能源材料与器件专业涉及的主要领域为能源转换与存储,包括光伏、锂离子电池、氢能与燃料电池、热电、光催化等相关材料与器件。本专业是教育部2010年首批特设的国家战略新兴产业相关专业(080414T),2011年被教育部批准为国家级特色建设专业(TS12612)。2014年新能源材料系成立,2015年获硕士和博士学位授权点。专业注重理论教学与工程实践的结合,具有很强的学科交叉融合性和新工科的特色;与海外著名高校建立了联合培养项目;建设了一批国家级、省级精品课程和多个人才培养基地,形成了"多层次、多类型"人才培养模式。

核心课程: 材料科学基础、材料合成与制备、材料测试技术、电化学、固体物理、化学电源工艺学、光伏材料与器件、氢能与燃料电池等。

本科生毕业去向: 动力蓄电池及电池材料产业、光伏材料与器件产业、氢能与燃料电池产业、新能源汽车、各种能源储存领域等新能源材料与器件相关企业和研究院所对本专业的人才需求持续旺盛,就业市场供不应求。学生毕业后可进入相关企业、高等院校、科研院所、政府等工作;此外,还有60%以上的同学进入国内外知名高校继续深造。

柔性可穿戴电热器件

大尺度石墨烯薄膜

稀土钕铁硼永磁元件

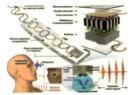
无铅压电超声能量采集装置

3D打印不锈钢叶轮、齿轮

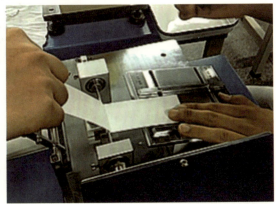
学生手动制作电池

比较优势

师资力量雄厚。 学院现有教职工90余人,其中教授(研究员)30余人,副教授(副研究员、高级工程师)30余人,拥有以海外人才计划入选者、国家级人才计划、国家优秀青年基金获得者、宝钢优秀教师奖获得者为代表的专任教师70余人。

国家优秀青年基金获得者、宝钢优秀教师奖获得者吴家刚教授和学生交流

教学科研平台优势明显。 学院拥有材料科学与工程国家级实验教学示范中心、先进特种材料及制备加工新技术教育部重点实验室、后续能源材料与器件教育部工程研究中心、稀土钒钛功能材料四川省工程实验室、四川省功能材料物理化学与工程重点实验室、四川省纳米科技应用工程技术研究中心等国家和省部级教学和科研平台。

教学科研成果突出。 学院承担多项国家重点研发计划、国家高技术研究发展计划("863"计划)、国家重大专项、国家自然科学基金重点项目、优秀青年基金项目等国家级科研项目,在*Nature Materials*、*Chemical Reviews*、*Chemical Society Reviews*、*Progress in Materials Science*、*Advanced Materials*等材料领域顶级期刊发表代表性论文。近五年,学院获国家技术发明奖(二等)1项,国家优秀教学成果奖以及部省级科研、教学奖励20余项,授权发明专利170余项,发表SCI/EI论文1000余篇,学院高级职称人均SCI论文位列全校前三,到校科研经费累计超1亿元。

专业优势特色鲜明。 学院拥有稀土钒钛功能新材料与纳米技术、无机光电与信息功能新材料、新能源材料与器件、二维/柔性显示/MOF材料、先进纳米碳材料/量子点材料等特色方向。

稀土钒钛功能材料与纳米技术: 长期从事稀土永磁材料、稀土磁致冷材料、稀土催化材料、稀土钒钛硬质材料与功能材料等研究。完成"863计划"及国家科技支撑项目10余项、国家自然科学基金重点基金3项/面上基金20余项和国家重点研发计划项目2项;获得国家奖项2项、省部级奖励5项,国家发明专利80余项,发表SCI论文300余篇。

稀土永磁材料与器件获国家科技进步奖(二等)
钒钛硬质材料与制品获国家技术发明奖(二等)

无机光电与信息功能新材料: 长期从事压电铁电、新型红外激光频率等新材料和器件研究。完成"863"计划项目6项、"973"计划(子课题)4项、国家自然科学基金重点项目5项/优青项目1项/面上基金项目25项;获国家奖2项、省部级奖励8项、国家发明专利40余项,在*Chem Rev*、*Prog Mater Sci*、*Chem Soc Rev*、*Adv Mater*、*JACS*等刊物发表SCI论文500余篇。

$AgGaSe_2$和HgI_2单晶体,两次获国家技术发明奖(二等奖)

新能源材料与器件: 长期从事光伏太阳能新材料和器件、能量储存与转换材料、光催化材料、清洁电池材料等研究。完成"863"计划项目10项、"973"计划/重点研发(子课题)4项、国家自然科学基金20余项;获省部级奖励3项、国家发明专利40余项,发表SCI论文200余篇。

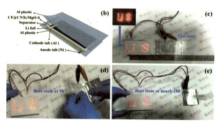

锂硫电池材料及器件

新型光伏材料及器件

国际交流 ≫≫≫≫≫≫≫≫

学院注重深化合作办学和创新人才培养模式，积极推进高端国际化合作办学。着力拓宽本科生国际化教育途径，与美国匹兹堡大学联合招收本专业国际合作培养本科生，与英国拉夫堡大学等建立"2+1+1""3+2"项目，建立了海外实习基地；选拔优秀学生参加国际会议和"大川视界"包括哈佛大学、麻省理工大学、斯坦福大学、加州大学伯克利分校、剑桥大学、牛津大学、东京大学、新加坡国立大学等国际名校的交流项目；邀请诺贝尔奖获得者、发达国家院士、海外名校教授来校讲学或授课，设专项经费多次邀请国内外学术大师、知名学者来院进行学术交流；承办了"中国材料大会2014"，举办了"第九届中日铁电材料及其应用会议""第七届国际纳米材料与材料工程会""2019年Ⅱ-Ⅵ化合物太阳电池研讨会"等，不断提高学生的跨文化交流能力，拓宽学生的国际视野，有效提升本院学生出国（境）交流率、深造率。选拔学生参加卓越工程师计划，并聘请企业导师参与培养全过程；建成了材料科学与工程国家级实验教学示范中心和大学生双创国家级示范基地，与国内外知名企业共建工程实践教育和卓越工程师实习基地，不断适应"新工科"对高校人才培养的要求。

诺贝尔物理学奖得主安东尼·莱格特来访交流

中国材料大会

中日铁电材料及应用会议

毕业去向

国（境）外深造院校

耶鲁大学
麻省理工学院
宾夕法尼亚大学
密西根大学
杜克大学
明尼苏达大学
加州大学伯克利分校
加州大学洛杉矶分校
加州大学圣地亚哥分校
卡内基梅隆大学
亚利桑那州立大学
牛津大学
帝国理工大学
爱丁堡大学
曼切斯特大学
新加坡国立大学
南洋理工大学等
日本京都大学
东京工业大学
名古屋大学等
德国海德堡大学
……

主要就业方向/就业单位

学生毕业后可进入国内外著名高等院校、科研院所等单位进行进一步深造；进入国际国内知名企业、政府机关工作，如国家知识产权局、华为、中国航天科技、中国建筑、中核集团、东方电气、中兴通讯、英特尔、京东方等。

部分优秀校友

张兴栋
1960届本科，中国工程院院士，国际生物材料科学与工程学会联合会主席，中国生物材料学会名誉理事长。

陈 辉
2008届博士，西南交通大学教授。

卢忠远
2005届博士，西南科技大学副校长，四川省学术与技术带头人。

朱兴华
2006届博士，四川文理学院党委常委、副校长，四川省有突出贡献的优秀专家。

袁志伦
1984届本科，博赛矿业集团董事长，全国工商联常委，重庆市首届"十大渝商"，入围胡润矿产富豪榜，第十二届全国人民代表大会代表。

钱正洪
1992届硕士，美国明尼苏达大学博士，杭州电子科技大学磁电子中心主任，湖北省磁电子工业技术研究院首席专家。

岳 波
2011届博士，四川新锂想能源科技有限责任公司总经理，获省部级以上奖励5项。

江一杭
2008届硕士，东方电气（天津）风电叶片工程有限公司技术中心主任，高级工程师，2015年全国劳动模范、天津市劳动模范。

熊 辉
1990届本科，中兴通讯公司执行副总裁。

吴家刚
2008届博士，国家自然科学基金优秀青年基金获得者，被列入爱思唯尔"中国高被引学者"榜单，获宝钢优秀教师奖。

贾殿增
2005届博士，九三学社中央常委，新疆区委会主委，新疆大学副校长。

王 跃
2011届本科，南京理工大学材料科学与工程学院教授，博士生导师。

胡嘉冕
2008届本科生，是首位获得美国材料研究学会"优秀研究生"金奖的中国在校生，获国际材料学会青年奖。

晁栋梁
2010届本科生，麻省理工科技评论35岁以下青年科学家奖。

朱昌荣
2012届本科，细胞杂志社 *Joule* 顶级学术期刊副主编，爱思维尔2018年度杰出奖获得者。

联系方式

学院网址：http://mse.scu.edu.cn/
联系电话：028-85417765
电子邮箱：msezsb@scu.edu.cn
微信公众号：SCU-CLXSH

13 机械工程学院
School of Mechanical Engineering, Sichuan University

学院概况

四川大学机械工程学院始建于1945年，由原国立四川大学机械电机工程系演变发展而来，是四川大学办学规模较大的学院之一。

为适应21世纪人才培养的要求，充分体现学校综合大学多学科的优势和"以人为本、崇尚学术、追求卓越"的办学理念，学院确立了"本科教育是立院之本"的本科教育及教学工作的指导思想。学院以人才队伍建设为核心驱动力，大力提高科学研究水平，全面提升办学质量，促进学科交叉融合，驱动科研创新突破，构建高水平交叉学科平台，进一步推动国际合作与交流，培养具有国际竞争力的一流人才，服务国家和地方社会经济发展。学院目前有机械设计制造及其自动化、材料成型与控制工程、测控技术与仪器三个本科招生专业，按机械大类招生（工科试验班—机械及其自动化）。

培养特色

四川大学机械工程学院本科专业建设的总体思路是构建专业大类平台,按需选择专业方向,在保持专业原有特色和优势的基础上,着重综合能力和创新意识的培养,从而使本科办学的特色体现为强调基础、注重创新、分类培养、适应需求。学院目标是培养具有崇高理想信念、深厚人文底蕴、扎实专业知识、强烈创新意识、宽广国际视野,适应能力强,能在制造领域内从事科学研究、设计制造、科技产品开发及企业管理等方面的高级工程技术人才。本科专业建设将紧紧围绕学院发展的目标,使各项办学指标和教学科研能力达到西南地区领先、国内一流的水平,成为面向制造业的科学研究和高级人才培养基地。

学科优势

师资力量

机械工程学院现有教职员工188人,其中专任教师及专职科研人员123人,有国家级人才计划涵盖的各类高端人才。学院现有4个四川省重点实验室、2个四川省一级学科重点学科、1个四川省二级学科重点学科。学院大力促进学科交叉融合,构建高水平交叉学科平台,确定了智能制造技术与数控装备、创新设计方法学与工程应用、极端制造与测量技术三个重点发展学科方向,相关学科已参与到学校"双一流"建设的智能空天信息与先进装备学科群、工业互联网学科群两个超前部署学科建设中。

学院实训基地揭牌

创新方法和创新设计省重点实验室成立

专业特色

学院目前三个本科招生专业中,机械设计制造及其自动化专业是国家级特色专业、教育部"卓越工程师教育培养计划"试点专业,2019年获批国家一流专业建设点;测控技术与仪器专业2019年获批四川省一流专业建设点。三个专业均为四川省本科高校特色专业建设点,且全部通过中国工程教育专业认证。学院十分注重实践教学,下设的工程训练中心是国家级实验教学示范中心,在支撑全校工科院系的工程训练综合能力培养方面一直承担着十分重要的作用。针对工程学科的特点,学院还设置了以赛代课环节,通过机器人竞赛、"互联网+"大赛等竞技环节,鼓励学生积极参与到创新创业实践项目中来,提高学生的工程实践和创新能力。

我院学生参加2016年足球机器人世界杯中国赛

我院学生参加2019年中国工程机器人大赛

我院学生参加2019年第六届全国大学生工程训练综合能力竞赛

专业剖析

机械设计制造及其自动化

机械设计制造及其自动化专业，着重研究机械产品的设计、制造与控制。机械工业担负着为工业、农业、商业、国防和社会生活各个方面提供技术装备和促进技术改造的重要任务。本专业面向工业化和信息化的主要行业，在高端装备、智能产品、国防军工等领域为国家培养亟需的工程技术人才、技术研究人才和技术管理人才。专业核心课程包括机械原理、机械设计、公差配合与技术测量、微机原理及接口技术、控制工程基础、机械制造工程学等。

材料成型与控制工程

材料成型与控制工程专业，是以材料科学研究为基础、先进成型技术为核心、信息化与智能化控制技术为前提的综合性学科，在高端制造业中具有重要地位。本专业旨在培养具备材料成型与控制工程专业领域的基础理论知识和应用能力，能够分析与解决材料成型复杂工程问题，具有国际视野、创新精神、团队意识，从事技术开发、设计制造、科学研究、生产管理等工作的工程技术人才。专业核心课程包括机械设计基础、材料成型原理、材料成型技术及装备等。

测控技术与仪器

测控技术与仪器专业，是一门多学科交叉及多系统集成的专业，涉及精密检测、自动检测生产、无损检测、在线监测以及物联网、智慧工厂等先进制造业发展方向。本专业旨在培养适应社会经济发展需求，具有扎实学科理论基础和专业技能，具有团队精神、创新意识和国际视野，能在以机械工程为主的精密仪器及测控技术领域从事科学研究、技术开发和运行管理的专业骨干人才。专业核心课程包括工程光学、自动控制原理、光电检测技术、无损检测等。

国际交流

机械工程学院始终保持国际视野，与新加坡国立大学、英国卡迪夫大学、英国思克莱德大学等境外高水平大学在联合培养、学术交流、科研合作等方面开展紧密合作。同时学院依托四川大学"大川视界"大学生海外访学计划，建设有国际交流立项3项，联合培养项目2项，不仅满足了更多学生出国（境）学习的需求，为同学们国际交流学习提供多样化的新选择，同时还有经费支持、学分认定和其他相关支持政策。学院长期与川内外多所科研机构和企业保持密切联系，包括中国核动力研究设计院、东方电气集团、四川省机械研究设计院、中国工程物理研究院、中国石油天然气股份有限公司等，在科研和实训方面为同学们提供高水平的实践机会。

面向本科学生的国际交流与合作

毕业去向

国（境）外深造院校

近年来学院出国深造机会不断增多，深造比例不断提高。学院毕业生境外深造高校包括：

卡尔斯鲁厄理工学院	曼彻斯特大学	伯明翰大学
谢菲尔德大学	贝勒大学	澳大利亚国立大学
墨尔本大学	昆士兰大学	悉尼大学
东京工业大学	史蒂文斯理工学院	南加州大学
伦敦国王学院	德州农工大学	……

主要就业方向

学院立足西部、面向全国，为国家尤其是西南地区培养了大批高素质的设计、制造、管理和经营人才，毕业生主要服务于汽车、光电、半导体、精密仪器、测控、航空、航天、能源、动力等行业，包括上汽通用、比亚迪、一汽解放、广汽丰田、京东方、深圳华星光电、中航工业、成飞集团、中国航发、OPPO、华为、中国工程物理研究院等大型企事业单位。

部分优秀校友

郭德隆 / 四川大学机械制造及其自动化专业2003届博士，中国空气动力研究中心4所所长，"863计划"子专题专家组副组长。研发的三维密度场干涉测量技术获军队科技进步二等奖，个人排名第一。研发的红外成像测量技术获军队科技进步二等奖，个人排名第四。现已晋升专业技术少将军衔。

姜　华 / 四川大学机械制造及其自动化专业2007届博士，现任四川普什宁江机床有限公司总经理，曾被四川省政府评为优秀专家和成都市有突出贡献的中青年拔尖人才。主研的课题曾获四川省重点技术创新项目奖、中国机械工业科技进步三等奖等。

黄姝珂 / 四川大学材料学专业2008届博士，中国工程物理研究院机械制造工艺研究所理化室主任，负责和参与国家自然科学基金、总装预研项目、中物院发展基金等项目4项，发表论文10余篇（其中SCI源刊3篇，EI源刊6篇），申请发明专利1项，获得军队科技进步奖2项。

冯军帅 / 四川大学机械设计制造及其自动化专业2014届博士，自主创业成立成都实唯物联网科技有限公司，拥有20余项知识产权，获得"国家高新技术企业"认证。个人获得四川省创新基金、成都人才计划、创新创业人才奖等多项资助和奖励。被聘为四川大学创新创业导师。SCTV科教频道、CCTV-13、CCTV-2等多家媒体采访和报道了其个人事迹，公司创业成绩得到李克强总理高度评价。

联系方式

学院网址：http://msec.scu.edu.cn/
联系电话：028-85991788 / 85462015
电子邮箱：liuchengjia@scu.edu.cn
微信公众号：川大机械学院

14 电气工程学院
College of Electrical Engineering, Sichuan University

学院概况

电气工程学院组建于1998年，由原成都科技大学电力工程系、自动化系、应用电子技术系合并组建而成。学院渊源和发展变革可追溯到1908年，为我国第一批创办电气工程专业的单位之一，是四川大学历史最悠久、规模最大的工科类实体性学院之一。学院设有电气工程系、自动化系、专业实验中心和电工电子基础实验教学中心，拥有智能电网、电能质量与电磁环境学、信息与自动化技术等3个省级重点实验室，建有国家双创示范基地平台"超导与新能源中心""四川大学能源互联网研究中心"、全国示范性工程专业学位研究生联合培养基地、四川省电气信息科学与工程本科人才培养基地、省级电工电子基础实验教学示范中心。各本科专业均为国家级"卓越工程师教育培养计划"试点专业，电气工程及其自动化专业通过工程教育专业认证，并入选国家级一流本科专业建设点。

2020年，电气工程及其自动化、自动化两个本科专业面向全国招生。

培养特色

学院秉承海纳百川精神，坚持"办最好本科"宗旨，以学生和教师发展为中心，以培养有崇高理想信念、深厚文化底蕴、扎实专业知识、强烈创新意识和宽广国际视野的国家栋梁和行业精英为目标，依托四川大学多学科综合性大学优势，建设面向能源电力领域、自动化智能化领域，面向国家重大需求，以"信息+、材料+、医学+"为特点的多学科交叉融合、国家社会急需、发展前景广阔的学科和专业。由教学名师领衔，采用"探究式一小班化""翻转课堂""企业导师进课堂""赛教创一体""海外实习"等教学手段，将国内外先进教学理念、教师最新科研成果融入人才培养，活跃课堂教学氛围，激发学生想象力，注重培养学生批判思维和独立思考能力。

专业剖析 》》》》》》》》》》》》》

电气工程及其自动化

电气工程及其自动化专业依托四川大学多学科和西部清洁能源优势,主动服务国家能源战略,突出"信息+、材料+"交叉学科前沿,以电力系统稳定与直流输电、智能电网优化与电力市场、电能质量与优质供电以及高电压与设备状态监测等为特色学科方向,培养电气和能源工程领域的高素质研究、应用、开发及管理人才。

动模实验系统（控制台）

专业主干课程包括电路原理、模拟/数字电子技术、微机原理及应用、信号与系统、自动控制原理、电磁场、电机学、电力系统分析、发电厂电气部分、电力电子技术、高电压与绝缘技术、继电保护、电力市场、调度自动化及信息管理系统、电力系统安控与自动装置等。

继电保护实验室

自动化

自动化专业依托四川大学多学科优势,主动服务国家智能制造及工业信息化战略,突出"信息+、医学+"及人工智能交叉学科前沿,以感知技术与机器人、检测技术与自动化、医疗自动化为特色学科方向,培养面向制造、能源、电子电气、交通物流、医疗、信息与通信、国防等各行业的高素质研究、应用、开发及管理人才。

自动化专业主干课程有数理类基础课程、电类和计算机类专业基础课程、运筹学与优化、信号与系统、自动控制原理、人工智能、传感器与检测技术、物联网技术、智能机器人等。

电气传动自动控制系统实验室

机器人实验室

比较优势 》》》》》》》》》》》

我院学生在机甲大赛中合影

电子设计大赛

我院学生赴丹麦技术大学参加实训项目合影

学院师资力量雄厚，拥有全职返聘院士1人，国家海外高层次人才引进计划专家1人，国务院特殊津贴获得者2人，高端外籍教师3人，四川省有突出贡献的优秀专家2人，四川省海内外高层次人才计划专家6人，四川省青年科技创新研究团队1个，博导36人（兼职13人），研究方向新颖，国际化能力强。

科研成果丰硕，近5年承担国家重点研发计划、重大专项、国家自然科学基金、省部级重大重点项目和企业委托项目近600项；科研经费近2亿元；荣获省部级及以上奖项10余项；发表SCI、EI收录论文700余篇；获专利授权300余项；与英国、德国、美国、丹麦、日本等海外著名高校、研究机构保持长期友好的国际交流与合作。

学院以"卓越工程师教育培养计划""大学生创新创业训练计划""进实验室、进课题组、进科研团队""互联网+"比赛、海外实习等项目为支撑，为学生提供各类科学研究和创新创业平台。近3年，学生在建模竞赛、电子设计大赛、智能车、机器人等国家级学科创新竞赛中获奖200余项，多位学生的科技创新活动被央视、凤凰卫视等新闻媒体报道；每年暑期举办两周"国际课程周"，邀请世界知名高校专家开设多门全英文专业课程，让我院学生与外籍学生共同参与国际交流营，开展丰富多彩的活动，提升学生的国际化视野和能力。

2019年国际课程周闭幕式

国际化培养

学院高度重视本科教育国际化,通过开设全英文教学课程,与海外高校签订联合培养协议,推进"大川视界"大学生海外交流计划和建立海外实习基地、积极邀请海外学者来学院做学术交流等方式,为学生搭建高水平国际交流平台,为学生出国(境)学习提供多元化途径。近5年,我院开展国际课程周(UIP)活动共邀请了15位海外高水平专家为本科生开设17门国际课程,邀请90余名海外学生赴我院学习、交流;2019年,学院成功实施中国澳门大学、德国克劳斯塔尔工业大学暑期交流项目,与丹麦技术大学共建海外实习基地,并申报中德电气工程及其自动化专业(中外合作办学)本科教育项目,培养学生国际视野、开放性思维,提升国际化竞争能力。

访澳师生在蔡继有书院门前合影留念

"大川视界"
德国访学

IEEE PES秘书长做客
学院举办学术讲座

升学就业

学院本科毕业生每年近40%进入国内外知名高校升学深造,包括哥伦比亚大学、加州理工学院、纽约州立大学、伦敦大学学院、南洋理工大学、庆应义塾大学、早稻田大学、京都大学等。

学院本科毕业生就业质量高,就业渠道广,主要集中在国家重点行业、重点领域、重要企业就业,例如电网企业、发电企业,自动化技术、机器人与人工智能、电子信息、医疗信息等领域高新企业,各类科研院所、高等院校以及管理部门,从事研究、开发、勘测、设计、运行、维护、管理以及教学科研等工作。

优势单位包括国家电网、中国南方电网、中国长江电力、核电核工业、中国电科、中国工程物理研究院、中科院自动化研究所、航天科工、航天科技、中航工业、中国铁建、中国电建、中国移动、中国联通、中国电信、华为等知名企事业单位。

部分优秀校友

宋永华 / 1984届校友,电力系统专家,欧洲科学院院士(外籍),英国皇家工程院院士,现任澳门大学校长,并担任澳门特别行政区政府科技委员会顾问。

张宗益 / 1985届校友,现任重庆大学校长(副部长级)、党委副书记。

联系方式

学院网址:http://ee.scu.edu.cn/
联系电话:028-85405614 / 85405621
电子邮箱:ee@scu.edu.cn
微信公众号:四川大学电气工程学院

15 计算机学院
College of Computer Science, Sichuan University

学院概况 》》》》》

四川大学于1958年开办计算机专业相关方向,1981年成立计算机科学系,1998年6月成立计算机学院;2001年12月成立国家示范性软件学院。2005年,计算机学院和软件学院实行"一套班子、两块牌子"的管理模式,形成了各具特色的人才培养理念和体系。

比较优势 》》》》》

学院建设有国家空管自动化系统技术重点实验室、视觉合成图形图像技术国防重点学科实验室等2个国家级实验室。复杂多维信息数字处理技术、现代交通管理系统技术2个教育部工程中心、7个省级实验室和创新中心。学科影响力方面,据科睿唯安2020年5月发布的最新数据,我校计算机学科ESI全球排名进入前2.22‰,第109位,跨入全球领先行列。"软件工程"第四轮全国学科评估为A-,全国排名前十。

作为牵头单位,学院已累计获得5项国家科技奖,包括国家科技进步一等奖1项,国家自然科学二等奖1项,国家科技进步二等奖3项。此外,还作为主要参与单位获得国家科技进步一等奖1项。

一流学科平台助力一流学科建设

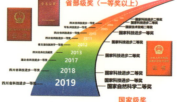

获得的重要科技奖励

章毅教授团队获2019年度国家自然科学奖

西南地区最大的GPU集成计算平台

学院围绕工业软件、"互联网+"、机器智能、大数据分析和工业互联网协同创新，形成计算机视觉与合成、智能空管与智能交通、人工智能与智慧医疗、智能信息与信号处理、大数据分析与区块链、生物信息处理与类脑计算、网络空间安全等7个学科方向。在基础理论研究与应用研究方面协调发展，在智能空中交通管制、三维人脸识别、医学人工智能诊断、医学数字影像等方向形成了鲜明特色和领先优势。仅近五年，学院牵头了5项国家重大重点项目，建设经费超过1.7亿元。

学院师资力量雄厚，有中国科学院院士2人、四川大学理科杰出教授1人、国际电气与电子工程师协会会士（IEEE Fellow）2人、国家杰出青年科学基金获得者1人、国家级重点人才项目及青年项目入选者5人、国家优秀青年科学基金获得者1人，高端专家学者10余人。

学院打造的自主科研创新平台——四川川大智胜软件股份有限公司于2000年成立，2008年在深圳交易所上市，先后承担多个国家重大项目和国防重大装备，突破多项领域关键技术，研制飞行系列模拟训练系统等多项具有国际先进水平的专用设备和软件平台，并在空中交通管理、智能交通系统、智慧医疗、网络安全等领域研发了一批典型的具有影响力的软件工程产品，科研成果获多项国家科技奖励，探索并形成了"产、学、研、用"一体化协同的科学研究、人才培养、成果转化发展模式。

基础研究

机器智能实验室
智能信息处理实验室
医学信息技术实验室
高性能计算实验室

应用研究

图像图形研究所
空管信息技术实验室
计算机成像与多维处理实验室
嵌入式系统与大数据管理实验室
物联网与移动计算实验室
人机交互与数字媒体实验室
大数据理论与应用实验室

学院科研团队

空管系统

国际化培养 》》》》》》》》

为提升人才培养国际化程度,学院积极与国际接轨,开展国际化教学,培养国际化视野。学院招收本科国际留学生,全部课程采用高水平专业教材,定期聘请高水平外教授课;学院同新加坡国立大学、英国Ulster大学、捷克布尔诺科技大学等建立了学生交流项目,并设立专项基金支持学生出访;学院与新加坡国立大学、日本早稻田大学、芬兰坦佩雷大学、美国纽约州立大学宾汉姆顿分校等建立了联合学位培养项目,为同学们提供国际化交流和学习的平台。

我院学生参加国际交流营合影

走进Ulster大学实验室

我院学生赴新加坡国立大学开展暑期交流

我院学生与外籍老师面对面交流

培养特色 ≫≫≫≫≫≫≫≫≫≫≫≫≫

计算机类涵盖计算机科学与技术（含基础学科拔尖人才培养试验计划、计算金融交叉创新班）、物联网工程、人工智能三个专业。目前在校本科生1581人，硕、博士研究生820人。

为顺应IT行业发展的国际、国内潮流，契合国家信息化战略的需求，四川大学计算机学院始终坚持科研教学并重，科研促进教学，培养从事计算机科学、技术和应用各领域的研究、开发、应用、管理和教学等工作的复合型高素质人才。

学院学习氛围浓厚，在奋进中不断拓展自身教育体系，做到理论与实践相结合、科研与教育共发展。学院不定期举办学术讲座、专题报告以及学习讨论班等交流活动。在坚持国际化路线的指导思想下，努力拓展学生的国际视野，进一步提升学生的国际竞争能力。优越的自然环境和良好的学术氛围为学生的学习和生活提供稳固的保障。

利用智慧教学环境，全面开展高水平互动式、启发式、小班化课堂教学改革，小班化占比84.8%，所有课程引入全过程学业评价，非标准答案考试全覆盖。根据学生特点和发展意愿，进行个性化、导师制培养，卓越学术引导卓越教学。

近三年，本科学生在学科竞赛、学术研究、双创活动等方面成绩突出，其中，参加各类竞赛累计获奖467项，组建学术型学生社团25个，获专利授权37项，开展双创活动90余次，发表学术论文25篇。

双创课程

实验教学

专业剖析

计算机科学与技术

计算机科学与技术专业为国家级特色专业、国家一流专业建设点。建成多样化人才培养体系，依托"拔尖计划"培养研究型人才，依托"卓越工程师"计划培养工程型人才，发挥川大学科门类齐全的优势，建设"计算+"跨学科专业课程，开设"计算金融"交叉学科创新班，培养复合型人才。核心课程有高级语言程序设计、数据结构与算法分析、计算机组成原理、操作系统原理、数字逻辑、微机系统与接口技术、计算机网络、计算机系统结构、算法设计等。

物联网工程

物联网工程专业为省级特色专业，对标国家发展战略，依托"川大—华为未来技术学院"培养具备强烈创新意识、掌握物联网工程实践能力，满足国家自主可控核心技术发展需要的高素质工程型复合人才。通过校企合作培养"新工科"IT人才，鼓励学生创新创业实践。核心课程有高级语言程序设计、数字逻辑、物联网系统及接口、算法设计、物联网传感器原理及应用、计算机网络、操作系统、海量数据处理与智能决策、传感网原理及应用等。

我院学生在中国大学生程序设计大赛中国赛区决赛中获金奖

我院学生参加2019全国大学生物联网设计竞赛合影

人工智能

四川大学是教育部批准的首批开设人工智能专业的高校之一。人工智能专业人才培养对标国家发展战略和区域产业需求，依托四川大学学科齐全优势，以"交叉"为主要办学指导思想，形成"人工智能+X"的人才培养特色。核心课程有大数据引论、人工智能导论、机器学习引论、数据科学引论、人工智能数学基础、数据分析的机器智能方法、深度神经网络理论与实践、类脑计算基础、图像处理、语音识别、自然语言处理、人工智能实践等。

学生学术社团

学生活动——企业openday

校企合作 华为&腾讯

学术讲座

毕业去向 〉〉〉〉

国（境）外深造院校

新加坡国立大学

南洋理工大学

早稻田大学

帝国理工学院

爱丁堡大学

康奈尔大学

南加州大学

哥伦比亚大学

……

主要就业方向及就业单位

　　毕业生就业主要方向有开发、产品、测试、运营、策划、设计等岗位。可就业于IT公司、互联网公司、软件公司、游戏公司等计算机相关行业和单位，也可进入政府、银行和金融、教育等领域。

部分优秀毕业生 〉〉〉〉〉〉

刘大一恒

2012级，在校期间担任计算机学院学生会副主席，"奔腾"青志副队长，Topcoder协会会长。获得2015年中国成都国际软件设计与应用大赛全国特等奖，微软创新杯Imagine Cup全国二等奖。毕业后进入四川大学硕博连读。

何漪澜

2013级，在校期间担任学院学生会副主席，曾参与美国大学生数学建模大赛、微软"创新杯"全球学生大赛并获奖。毕业后进入加州大学洛杉矶分校攻读硕士学位。

周　璟

2014级，在校期间连续三年获得国家奖学金、四川大学综合一等奖学金，2016年获得ACM-ICPC国际大学生程序设计竞赛中国区决赛铜奖。毕业后进入清华大学交叉信息研究院攻读硕士学位。

李亿渊

2014级，在校期间担任四川大学ACM集训队队长，四川大学程序设计竞赛协会会长。曾获2015年ACM-ICPC国际大学生程序设计竞赛亚洲区域赛（北京站）银奖。毕业后进入清华大学攻读硕士学位。

张祖斌

2014级，在校期间担任四川大学青年联盟委员会组织部秘书，曾前往平安惠普投资咨询有限公司、中国银河证券股份有限公司实习，在新加坡管理大学进行数据分析方向的交流学习，发表中文核心期刊论文一篇。毕业后进入圣路易斯华盛顿大学攻读硕士学位。

蒋　航

2014级，在校期间担任四川大学校团委文艺部活动交流中心副主任，四川大学.NET协会会长，获得优秀会长及优秀社团荣誉。毕业后获得多个知名企业的录取通知书，后签约阿里巴巴。

于文豪

2015级，在校期间自主创业，安然森活品牌创始人，成都首个移动生鲜电商品牌，获得共青团全国大学生创新创业先锋，四川省"互联网+"创新创业大赛金奖，四川省"创青春"大学生创新创业大赛金奖等荣誉称号及奖项，以第一作者在WWW国际顶尖学术会议发表论文一篇。毕业后进入美国圣母大学攻读人工智能博士学位，获每年10万美金最高额度奖学金。

张东平

2015级，在校期间担任四川大学程序设计竞赛协会会长，四川大学足球校园组的主要成员之一，获得2017年ACM-ICPC国际大学生程序设计竞赛东亚地区总决赛金奖，ACM-ICPC国际大学生程序设计竞赛全国邀请赛（陕西站）金奖等奖项。毕业后进入新加坡国立大学全奖攻读博士学位。

陈玮彤

2015级，在校期间担任四川大学第21届研究生支教团团长，成都市学生联合会执行主席，四川大学学生会副主席，获得第四届中国青年志愿服务项目大赛银奖，"创青春"全国大学生创业大赛公益创业赛铜奖，四川省大学生"综合素质A级证书"。毕业后进入四川大学攻读硕士学位。

孙典圣

2015级，在校期间担任四川大学程序设计协会会长，四川大学学生电视台副部长，四川大学ACM集训队队长，获得2017年ACM-ICPC国际大学生程序设计竞赛东亚地区总决赛金奖等。毕业后进入浙江大学CAD&CG国家重点实验室攻读硕士学位。

联系方式

学院网址：http://cs.scu.edu.cn/

联系电话：028-85468536

电子邮箱：cs_sezs@163.com

微信公众号：川大计算机信息服务平台

16 软件学院
College of Software Engineering, Sichuan University

学院概况 >>>>>>>

四川大学于1958年开设计算机专业相关方向课程,1981年成立计算机科学系,1998年6月成立计算机学院,2001年12月成立国家示范性软件学院。2005年,计算机学院和软件学院实行"一套班子、两块牌子"的管理模式,形成了各具特色的人才培养理念和体系。

比较优势 >>>>>>>

学院建设有国家空管自动化系统技术重点实验室、视觉合成图形图像技术国防重点学科实验室等2个国家级实验室,复杂多维信息数字处理技术、现代交通管理系统技术2个教育部工程中心,7个省级实验室和创新中心。学科影响力方面,据科睿唯安2020年5月发布的最新数据,我校计算机学科ESI全球排名进入前2.22‰,第109位,跨入全球领先行列。"软件工程"第四轮全国学科评估为A-,全国排名前十。

作为牵头单位,学院已累计获得5项国家科技奖,包括国家科技进步一等奖1项,国家自然科学二等奖1项,国家科技进步二等奖3项。此外,还作为主要参与单位获得国家科技进步一等奖1项。

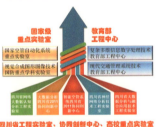

获得的重要科技奖励

章毅教授团队获2019年度国家自然科学奖

西南地区最大的GPU集成计算平台

学院围绕工业软件、"互联网+"、机器智能、大数据分析和工业互联网协同创新，形成计算机视觉与合成、智能空管与智能交通、人工智能与智慧医疗、智能信息与信号处理、大数据分析与区块链、生物信息处理与类脑计算、网络空间安全等7个学科方向。在基础理论研究与应用研究方面协调发展，在智能空中交通管制、三维人脸识别、医学人工智能诊断、医学数字影像等方向形成了鲜明特色和领先优势。仅近五年，学院牵头了5项国家重大重点项目，建设经费超过1.7亿元。

学院师资力量雄厚，有中国科学院院士2人、四川大学理科杰出教授1人、国际电气与电子工程师协会会士（IEEE Fellow）2人、国家杰出青年科学基金获得者1人、国家级重点人才项目及青年项目入选者5人、国家优秀青年科学基金获得者1人，高端专家学者10余人。

学院打造的自主科研创新平台——四川川大智胜软件股份有限公司于2000年成立，2008年在深圳交易所上市，先后承担多个国家重大项目和国防重大装备，突破多项领域关键技术，研制飞行系列模拟训练系统等多项具有国际先进水平的专用设备和软件平台，并在空中交通管理、智能交通系统、智慧医疗、网络安全等领域研发了一批典型的具有影响力的软件工程产品，科研成果获多项国家科技奖励，探索并形成了"产、学、研、用"一体化协同的科学研究、人才培养、成果转化发展模式。

基础研究 — 机器智能实验室 / 智能信息处理实验室 / 医学信息技术实验室 / 高性能计算实验室

应用研究 — 图像图形研究所 / 空管信息技术实验室 / 计算机成像与多维处理实验室 / 嵌入式系统与大数据管理实验室 / 物联网与移动计算实验室 / 人机交互与数字媒体实验室 / 大数据理论与应用实验室

学院科研团队

空管系统

国际化培养 〉〉〉〉〉〉

学院建立了良好的国际教育合作关系，拥有丰富的国际教育资源。专业核心课程引进美国卡内基梅隆大学的专业课程；通过"实践及国际课程周"实现教学、文化、学术等的师生国际交流；与国外著名高校合作，联合开设国际课程"全球软件开发实践"，实现学生的国际合作能力训练；建设软件工程全英文专业，招收国际留学生7届；聘请来自全球各高校的教授，开设小学期外教专业课程20余门。学院与美国、新加坡、日本、芬兰等国的著名高校开展联合人才培养，学生在校期间出国交流比例达到30%。

开展国内外校企合作协同育人，与国外著名高校和企业合作，开展海外暑期实训项目；与国内著名IT企业合作，与华为公司共同建设"川大-华为ICT学院创新人才中心"，与腾讯开展产学合作协同育人，开设企业课程；在校生的企业实训、实习100%覆盖。

我院学生赴新加坡国立大学进行暑期交流

国际交流营活动

留学生开学典礼

毕业典礼

培养特色

软件工程专业于2001年开始招生，2020年开设计算生物学和口腔数字化技术双学士学位专业。

软件工程专业2009年获四川省特色专业，加入国家"卓越工程师教育培养计划"，2019年获四川省一流专业。2013年开始招收全日制本科留学生。学院已为国家培养本科生4000多人，目前在校本科生905人，本科留学生205人，硕、博士学生700人。

学院人才培养秉承以学生为中心、面向产出、持续改进的教育理念，培养学生可迁移的知识、技能和能力，促进学生的终身学习和持续发展。致力于培养20%具有优秀领导能力的人才，能够成为未来IT领域教育、科研、企业、部队、国际组织、政府部门的领军人物；培养80%具有出色问题解决能力的人才，能够成为未来IT行业的高级工程师；并培养部分具有自主创业能力的人才，能够成功立足于IT行业持续发展。

软件工程专业培养具有深厚的中华文化底蕴、扎实的软件工程专业知识、强烈的创新意识、宽广的国际视野的IT领域栋梁和社会精英。培养学生的独立思考能力、创新创业能力、团结协作和社会担当能力，促进学生德智体美劳全面发展。扩展学生在软件工程领域的知识面，使学生能够通过工程实践和导师指导的项目经历，深入理解软件工程问题，并能综合应用软件工程的基本方法、工具和过程解决大型复杂工程问题。

软件工程专业按照软件工程教育国际标准和国际工程教育标准制定人才培养方案，实行全英文和双语教学；教学计划中40%为实践环节，开设企业课程，建立国内外企业实训、实习基地，实现贯穿大学四年的工程训练；实践"信息+文、理、工、医"交叉学科的复合型人才培养。

软件学院作为教育教改的"特区"，学院在教育经费和资源方面进行了大量投入，采用了具有特色的"国际化、工程化"培养模式，为学生提供了更多的工程实践机会。

学生参加全方位企业工程实践训练

专业剖析 》》》》》

软件工程

软件工程专业对接软件行业,面向人工智能、大数据、物联网、区块链等新兴领域培养计算机软件的开发、运行、维护的软件工程师,以及软件工程领域的科学研究人才,致力于培养学生将计算机科学的知识和理论应用于构建高质量的软件产品。专业涉及计算机科学、管理科学、工程技术、应用领域等交叉学科;作为"新工科"专业,培养实现各行业数字化转型的复合型人才;专业同时为互联网行业和软件产业的全球化培养国际化工程人才。

软件工程专业核心课程涵盖计算机科学基础知识和软件工程专业知识,包括程序设计基础、数据结构与算法、操作系统、数据库系统、计算机网络、软件工程导论、软件需求分析、软件设计与体系结构、软件构造、软件质量保证与测试、软件工程经济学、软件项目管理等17门专业核心课程。

学生参与学术讲座/论坛　　　　　学生参赛获奖

毕业去向 >>>>>>>>

国（境）外深造院校

软件工程专业深造率为40.15%,毕业生在国内就读研究生,广受北京大学、清华大学、中国科学院、浙江大学、上海交通大学等单位的认可;到海外留学的毕业生,大都就读于美国加州大学、美国哥伦比亚大学、美国卡耐基梅隆大学、英国剑桥大学、英国牛津大学、英国帝国理工大学、加拿大滑铁卢大学、新加坡国立大学、德国慕尼黑工业大学、加州大学伯克利分校、日本早稻田大学、芬兰坦佩雷大学。

主要就业方向

软件工程专业毕业生就业率99%、用人单位的满意度达98.7%。毕业生可以就业于ＩＴ行业,包括ＩＴ公司、互联网公司、软件公司等;也可以就业于任何有计算机系统的行业和单位,包括政府、银行和金融、教育、交通、娱乐、医疗、农业和法律等;也可以从事管理(项目经理、部门经理、职业经理人)、技术(架构师、技术总监、总工程师、数据科学家、AI工程师)、服务(教育、培训、维护、技术咨询)等工作。

主要就业单位

百度、阿里巴巴、腾讯、华为、网易、今日头条、完美世界、中国银行、中国建设银行、甲骨文、谷歌、苹果、微软、脸书等。

部分优秀校友 >>>>>>>>

于婷婷

四川大学软件工程2004级本科生,美国内布拉斯加林肯大学计算机科学博士,现任美国肯塔基大学计算机科学系助理教授,发表多篇软件工程方向高水平论文,三次获得美国国家科学基金会基金资助,并两次获得补充资助。

尹学渊

四川大学软件工程2004级本科生,四川成都龙渊网络科技有限公司联合创始人,曾负责多个国家级研究项目,是成都市新经济百名优秀人才,机器学习、数据挖掘领域专家。公司2014年估值10亿人民币,获得行业奖项30余项,月流水超过5000万人民币。2019年公司发行的"多多自走棋(Auto Chess)"游戏在全球反响强烈,成为首款中国人原创、全球流行的电竞游戏。

秦晓玲

四川大学软件学院2002级本科生,泛为科技创始人兼CEO。作为国内程序化营销领域屈指可数的技术型女CEO,带领旗下来自BAT的算法产品团队在程序化广告行业尤其在视频程序化领域,创建国内首个完整DSP平台,主导开发包括FancyDMP、FancySMART、FancyPULSE三款核心数据产品,服务上百家企业及品牌,两年内迅速跃升视频程序化领域跨屏频控技术TOP 1。

徐 曼

四川大学软件工程2005级本科生,美国南加州大学(USC)硕士,曾就职于埃森哲咨询公司,从事软件系统方案设计和实现工作,现任美国加州好莱坞媒体平台公司系统设计工程师,与UCLA大学合作,从事视频影像软硬件控制系统的研发,产品包括美国奥兰多迪士尼乐园哈里波特虚拟游戏效果控制和环球影城视觉模拟场景控制系统。

吴文东

四川大学软件工程2007级本科生,曾就职于阿里巴巴,现任乐视科技有限公司董事长兼CEO,公司成立于2015年7月,在一年的时间内便收获了三轮风险投资,公司估值近亿,已是目前颇受关注的新兴科技公司之一,旗下游戏化App"Will"创造了一个基于真实生活数据的虚拟世界,荣获国内外多项大奖。

杨露斯

四川大学软件工程2008级本科生,新加坡国立大学信息系统分析博士。读博期间获得学院研究生研究卓越奖和学校研究成就奖,研究论文发表在《AOM最佳论文集》上,并作为优秀毕业生代表在毕业典礼上演讲。现任美国亚利桑那大学埃勒管理学院助理教授,并发表多篇高水平论文。

杨 敏

四川大学软件工程2008级本科生,中国香港大学计算机科学博士,中国科学院深圳先进技术研究院数字所助理研究员,中科院先进-得理法律人工智能联合实验室主任,主要研究方向包括自然语言处理、数据挖掘、推荐系统等,已发表国际高水平学术会议及期刊论文近60篇,2018年CCF-腾讯犀牛鸟基金获奖者。

王 珏

四川大学软件工程2009级本科生,毕业后就职于百度任产品经理,在盛大资本负责TMT方向风险投资,目前任职于以太资本,任高级投资经理,主要负责帮助TMT行业成长期公司进行股权融资,先后帮助近20家成长期创业公司完成了累积数亿元的融资。

联系方式

学院网址:http://sw.scu.edu.cn/
联系电话:(望江)028-85468536 (江安)028-85995136
电子邮箱:cs_sezs@163.com
微信公众号:锦SE年华

17 建筑与环境学院
College of Architecture & Environment, Sichuan University

学院概况

四川大学建筑与环境学院是重点高校中唯一集力学、土木、环境、建筑多领域于一体的学院,学科门类齐全,涉及理、工、文、艺、管、医诸多领域,具有资源优势。拥有工程力学、土木工程、环境工程、建筑学4个本科专业,力学、土木工程、环境科学与工程、城乡规划4个一级学科。有力学、土木工程、环境科学与工程、生物医学工程4个一级博士学位授权点,有力学、土木工程、环境科学与工程、城乡规划、生物医学工程5个一级硕士学位授权点,有土木水利、资源与环境、风景园林3个专业硕士学位授权点,有力学、环境科学与工程、土木工程、生物医学工程(共建)4个博士后流动站。工程科学目前已进入ESI前0.5%学科,环境科学/生态学进入ESI前1% 学科。

一隅咖啡厅

培养特色

学院在"学术为本、教学领先、厚德载物、宁静和谐"的办学理念指导下，以学科建设为中心，积极推进跨学科研究，已形成全技术链，可有效解决区域综合问题。经过资源整合与不断进取，搭建并获批了一批优秀学科平台与团队，目前学院有各类科研平台（中心）27个，如国家烟气脱硫工程技术研究中心、深地科学与工程教育部重点实验室、四川大学—熊本大学环境生物技术研究中心、四川大学BIM研究中心等。在四川大学"双一流"重点建设的一流学科（群）中，学院参与了深地岩体力学与地下水利工程、先进轻工业技术与环境保护和诱导组织再生主导的生物医学工程等3个一流学科（群），综合灾害科学与管理学科、新能源与低碳技术学科、艺术与科学交叉融合3个超前部署学科群建设，以及"智能空天信息与先进装备""医学大数据""深地医学""老年医学康养""灾害医学""健康食品"等多个平台建设，为学科未来发展奠定了坚实的基础。

建筑与环境学院大楼

专业剖析 ▶▶▶▶▶▶▶▶

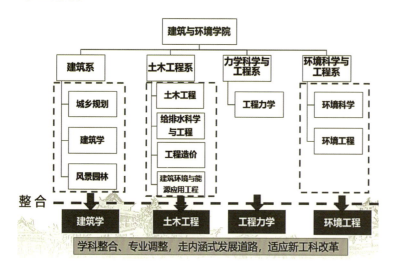

土木工程 ●

四川大学土木工程专业是学校"双一流"重点建设学科，根据2020软科中国最好学科排名，四川大学土木工程排名第14位，全国学科评估为B。本专业2006年通过专业评估(认证)，并在2017年成为我国工程教育加入"华盛顿协议"后首批通过评估(认证)的土木专业之一。四川大学土木工程专业为教育部特色专业、四川省"卓越工程师教育培养计划"和四川大学首批"全英语教学"专业，逐渐形成了"重基础、宽口径、跨学科、国际化"的办学特色，成为西部城镇化建设人才培养的重要基地。

工程力学 ●

工程力学专业为"强基计划"招生专业。师资雄厚，拥有院士1名，国家级人才计划2名，四川省学术带头人6名，正/副教授达66%，生师比高达1：3.3，本科四年全过程导师指导。建有深地科学与工程教育部重点实验室、破坏力学与工程防灾减灾、生物力学工程2个四川省重点实验以及四川省力学实验教学示范中心。坚持"扎根西部、强化特色、创新引领、力创一流"，培养一流专业人才，杰出人才辈出。

环境工程 ●

环境工程专业以"厚理论、重实践、辅创新"为总体指导思想，培养德智体全面发展，具有良好科学与人文素养，掌握环境科学的基本理论与技术，能在科研机构、高等院校等部门从事科研、教学、环境管理等工作的高级专门人才和精英人才。环境工程专业最新的全国学科评估为B+，并于2017年通过全国工程教育专业认证复评，进入四川大学"双一流"学科建设群体。拥有3个国家级工程中心，4个省部级重点实验室及中心，4个国际合作研究中心。

建筑学 ●

建筑学专业以"精英教育、质量为本、科教结合、学科交叉"为指导思想，确立了立足综合优势，面向国家重大需求和学科发展前沿，培养德才兼备、具备国际竞争力的创新型栋梁之才的办学宗旨。在专业教育方面，采取以建筑学专业为基础，相关专业交叉融合的培养模式，在不断强化专业课程体系建设的基础上，通过交叉共享课程建设培养学生的创新意识和综合技能，为学生实现更宽广的职业发展奠定基础。多年来培养了大量复合型、创新型人才。

学科建设

ESI学科
- 工程力学(前0.5%)
- 环境科学/生态学(前1%)

国家重点学科
- 固体力学
- 岩土工程
- 生物医学工程(共建)

省重点学科
- 土木工程
- 环境科学与工程
- 力学
- 建筑设计及理论
  建筑技术科学(二级)

博士后流动站
- 土木工程
- 环境科学与工程
- 力学
- 生物医学工程(共建)

一级学科博硕学位授权点
- 土木工程(博士)
- 环境科学与工程(博士)
- 力学(博士)
- 生物医学工程(共建、博士)
- 城乡规划学(硕士)
- 风景园林学(硕士)

学科优势

建筑与环境学院的四个本科专业都是围绕城市建设领域的专业,学科门类齐全,是全国土建类学科最全的综合性学院。学院学科齐备、实力强劲,拥有4个一级博士授权点、8个硕士授权点、4个博士后流动站,3个国家重点学科、4个省级重点学科,工程学进入ESI前0.5%、环境科学/生态学进入前1%。学院先后有6个本科专业通过建设部或教育部的专业评估或认证,具备有较高的办学水平。2019年土木工程和环境工程专业入选国家一流专业建设点,进入工程教育第一方阵。学院有良好的科研条件与高水平的学科平台,截至2019年已获得国家自然科学奖2项,省部级奖项16项,其中省部级一等奖6项。近五年,全院到校科研经费达1.86亿元,主持承担各类项目680项,获得授权发明专利85项,发表高水平论文1100余篇。学院长期开展国际合作与交流,是学校最早的开展国际联合办学的学院之一,目前已与13所境外高校建立起联合办学项目。

师资力量

学院师资力量雄厚,拥有包括中国工程院院士、国家级计划人才、教育部"跨世纪/新世纪优秀人才"等一大批高端人才教师。教职员工265人,专任教师212人,教授52人,副教授及高工78人。教师队伍中75.4%具有国内外著名大学博士学位,其中17.8%具有国外高水平大学博士学位,56.3%具有海外学习工作经历。
- 中国工程院院士 1人
- 特聘院士 2人
- 国家级人才计划入选者 8人
- 教育部"跨世纪/新世纪优秀人才" 6人
- 博士生导师 34人
- 四川省学术技术带头人及后备人选 37人
- 宝钢教师奖 3人
- 四川省教学名师 2人

科研平台

1个国家工程中心
- 国家烟气脱硫工程技术研究中心

1个国家"985"重大科技创新平台
- 西南资源环境与灾害防治研究院(共建)

1个教育部重点实验室
- 深地科学与工程教育部重点实验室

4个四川省重点实验室
- 四川省力学实验教学示范中心
- 破坏力学与工程防灾减灾四川省重点实验室
- 生物力学工程四川省重点实验室
- 环境工程四川省重点实验室

3个"双一流"建设学科平台
- 深地岩体力学与地下水利工程
- 先进轻工业技术与环境保护
- 诱导组织再生主导的生物医学工程

国际交流 ≫≫≫

德国克劳斯塔尔工业大学"2+2"毕业生合照

SUSP项目制课程在斯坦福大学汇报

2019年SUSP课堂学生斯坦福交流行

UIP国际课程实践周开幕式

学院长期开展国际合作与交流,在四川大学颇有影响,是学校最早开展国际联合办学的学院之一。与德国克劳斯塔尔工业大学合作的双学位项目"土木环境工程",从2005年开始,迄今已有200余位同学毕业,获得双学位。每年借助学校UIP平台,开展"国际交流营"项目制教学,接受大量的海外师生共同开展项目研究,为培养学生的国际视野奠定了非常好的基础。学院借助多专业优势,一直致力于跨学科人才的培养。近年来与丹麦VIA大学学院、美国华盛顿大学、斯坦福大学等合作开展了具有影响的"项目制"教学项目",这些多学科交叉项目吸引了大量学生参与,为跨学科人才培养发挥了重要的作用,获四川省优秀教学成果一等奖。

国际化办学特色

• 国际化既是学院办学目标,也是争创知名学院的办学战略;

• 国际化的师资队伍和具有国际前沿水平的科研基地;

• 创建多样性的国际化的创新人才培养体系,多种联合办学项目、交换生项目、联合课程项目等。

与行业紧密结合

• 国家建设事业的快速发展与西部开发建设,带来土木建筑行业优势,促进学科建设快速发展;

• 土木工程、建筑学、环境工程、工程力学专业招生非常热门,就业供不应求;

• 学院传承十多年城建环保学院建院与办学的经验,坚持与社会和企业合作,在合作中创特色、育人才、出效益、谋发展;

• 为四川省各类注册建筑师、城市规划师、结构工程师以及建造师继续教育培训基地。

毕业去向

国（境）外深造院校

合作高校	项目	合作高校	项目
美国华盛顿大学	培养建筑类本科生创新人才	日本熊本大学	互派研究生，联合培养人才
丹麦VIA大学学院		日本东京大学	
德国克劳斯塔尔工业大学	土木工程专业"2+2"本科人才培养	法国巴黎第十大学	
美国劳伦斯大学	开展"3+2"联合培养本科生	美国密歇根大学	
台北科技大学	互派本科生/研究生	台湾成功大学	暑期实践及国际课程周，开展学术交流
德国亚琛工业大学	互派研究生，联合培养人才	法国巴黎拉维莱特建筑学院	
意大利那不勒斯菲里德第二大学	互派本科生/研究生，联合培养人才		

与13所国（境）外高校建立起联合办学项目

主要就业方向

本科毕业就业的单位主要在建设、规划、咨询、设计、监理、施工、研究开发，环科院、国有企业、上市环保公司、地方环保局，航空航天、交通运输等企业或政府机构工作。主要代表如：恒大地产、万科地产、中粮地产、中国建筑西南设计研究院、十一科技、基准方中、中建二局、中建三局、中建八局、中铁五局、中冶建工、中交二航局、中水七局、中水五局，中科院生态环境研究中心、四川省工业环境监测研究院等。近年来，本科毕业选择出国和升学的比例显著提高，体现了四川大学作为"双一流"大学向高水平综合型研究性大学发展的目标。

楼前广场雕塑

部分优秀校友

周志成 / 中国工程院院士、中国航天科技集团公司五院通信卫星事业部部长、"东方红四号"卫星总指挥兼总设计师。

王清远 / 成都大学校长。

马宏伟 / 东莞理工学院校长。

赵春田 / 中国海洋石油总公司/中海油研究总院首席专家。

陈　琛 / 苏州同心医疗器械公司董事长、人工心脏顶级专家。

谭新亚 / 四川省住建厅原常务副厅长。

倪明亮 / 环能科技股份有限公司董事长。

李振环 / 华中科技大学土木工程学院院长。

吴　刚 / 湖北省咸宁市副市长。

董　涛 / 甘肃省市庆阳市副市长。

谢凌志 / 四川大学新能源与低碳技术研究院副院长。

景传勇 / 中科院生态环境研究中心研究员，环境化学与生态毒理学国家重点实验室副主任，国家杰出青年基金获得者，"973"项目首席科学家。

王　斌 / 四川农业大学教授，校党委副书记、纪委书记。

林梅云 / 美国普林斯顿大学研究员。

梁　恒 / 国家生态环保部处长。

侯世健 / 国家生态环保部处长。

高　洁 / 四川省生态环境厅副厅长。

刘承东 / 贵州省生态环保厅总工程师。

赵京东 / 四川省遂宁市常委、市直机关工委书记。

刘　政 / 四川省环境科学研究院院长。

王东尔 / 中国水环境集团西南区域总经理。

李国文 / 北京纬纶华业环保科技有限公司董事长兼总经理。

迟小莉 / 北京九鼎同和投资基金管理有限公司总经理。

田　永 / 广州益方田园环保股份有限公司董事长。

周开忠 / 南京泽辉环保科技有限公司董事长。

王晓利 / 河北省环境应急与重污染天气预警中心正高级工程师。

张建华 / 山东济宁金牛重工有限公司董事长。

龚　雯 / 四川省西核机电设备制造有限公司总经理。

何英汉 / 哈工大机器人集团四川埃沃海德智能科技有限公司董事长兼总经理。

联系方式

学院网址：http://acem.scu.edu.cn/
联系电话：13982287467 石老师
电子邮箱：scuzs_jh@scu.edu.cn
微信公众号：四川大学建筑与环境学院

18 水利水电学院
College of Water Resource & Hydropower, Sichuan University

学院概况

四川大学水利水电学院源于1944年的四川大学理工学院土木水利系,是四川大学办学较早、底蕴深厚的传统工科学院之一,综合实力强劲、学术基础雄厚、社会声誉良好,是教育部、水利部共建的八所(含水利类)高校之一。

在长期的办学历史中,学院秉承"厚德载物,治水报国"的教育精神,形成了"广聚贤才、产研辅教、求真务实、治水报国"人才培养理念,围绕国家水资源综合利用、能源开发、城市市政等领域的基础设施建设,开设"水利科学与工程""能源与动力工程""城市地下空间工程"三个本科专业,为国家培养了大量的水利、土木及能源领域的优秀人才。

围绕"双一流"和"新工科",学院正奋力推进建设具有中国特色、川大风格、水电底蕴的世界一流学科,逐步实现建成"国际知名,西部领先"高水平人才培养基地和科学研究中心的发展目标。

培养特色

学院致力于培养"宽口径、厚基础、重交叉、通专融合、多向贯通、国际视野"的复合型和创新型人才。

大类培养、通专融合

水利、能源动力与城市地下空间三个专业纳入工科试验班招生,实施"1(大类)+1.5(通识)+1.5(方向)"三阶段或"2.5+1.5"两阶段的模式,实现"厚基础、宽口径、跨学科、创新性、国际化"的培养目标。

卓越培养、行业精英

2010年,学院成为教育部首批"卓越工程师教育培养计划"单位,实施独立培养方案,企业深度参与,校企协同育人;2020年起,卓越计划在水利科学与工程专业全覆盖,培养适应和引领新一轮科技革命和产业变革的卓越工程科技人才。

订单培养、校企直通

能源与动力专业实施"订单式"培养计划,与中国长江电力股份有限公司、中国广核集团有限公司等企业实施"订单式"本科及研究生培养,企业参与培养全过程,毕业学生直接被企业录用。

创新培养、激发潜能

依托国家重点实验室和大师级人才，由谢和平院士领衔开设"深地与地下水利"国重创新班，一对一导师，独立培养方案，培养具有家国情怀、创新引领、国际视野的未来栋梁之才和领军人物。组织水利创新大赛、结构设计大赛、岩土工程大赛、节能减排大赛等系列科技赛事，激发学生创新潜能。

联合培养、国际视野

与英国诺丁汉大学、伯明翰大学，加拿大卡尔加里大学等国际知名大学开展国际合作办学（"2+2""3+2"等），并开设"国际课程周""大川视界""国际实践基地"等众多项目，为学生提供丰富的国际交流和联合培养平台。

精细管理、精准服务

学院为本科生量身定制个人发展规划，1—2年级配备精准导师，3—4年级配置学术导师，与班主任、科创导师、竞赛导师、创新班导师等形成了完善的成长指导体系。构建了完善的校院两级奖助体系，在本科生中基本实现全覆盖。

MTS 815岩石力学试验系统

水力学与山区河流开发保护国家重点实验室

"大川视界"——牛津大学访学

专业剖析

面向"一带一路"、长江大保护、黄河流域生态保护、美丽乡村、生态文明、城乡综合发展、防灾减灾等国家战略和行业新需求，围绕水利、土木和能源动力三个学科布局，开设有"水利科学与工程""能源与动力工程""城市地下空间工程"三个本科专业，高考按"工科试验班（水利、能源动力与城市地下空间）"大类招生、专业分流。

水利科学与工程

水是生命之源，生产之要，生态之基，是21世纪最重要的战略资源。水利科学与工程专业涉及国家水安全中的水资源、水环境、水生态、水灾害、水管理、水经济、水工程等科学与技术问题，旨在培养从事水资源规划、水电能源开发、河道整治与环境提升、水环境与水生态修复、海绵城市设计、工程智能监控、工程防灾减灾等领域的规划、勘测、设计、运行管理和科研的复合型人才。核心课程有水力学、材料力学、结构力学、土力学、水文学原理、工程水文学、水环境保护、钢筋混凝土、水工建筑学、水环境治理与修复、水资源规划与管理、工程项目管理等。

能源与动力工程

能源是人类社会赖以生存和经济可持续发展的重要物质基础，是社会发展的动力"引擎"。能源与动力工程专业致力于传统能源的清洁利用、新能源的开发、更高效地利用能源，以及动力机械、流体机械和热工设备的设计、研发及其相关测试技术，旨在培养在水电、火电、核电、新能源、航空航天、船舶等工程领域从事规划设计、制造安装、运行管理和科研的复合型人才。核心课程有工程热力学、工程流体力学、传热学、电机学、电工与电子技术基础、水轮机原理、汽轮机原理、泵与风机、新能源发电技术、热力发电厂、水电站建筑物等。

城市地下空间工程

21世纪是地下空间的世纪，城市地下空间建设是未来城市发展的主方向和最可期待的增长点。城市地下空间工程专业涉及城市规划、环境、建筑、交通、能源、公共安全、市政、防灾减灾等相关领域，旨在培养从事城市地铁盾构隧道、地下综合管廊、地下储库、大型基坑、排水深隧、山区隧道、水电地下硐室的规划、设计、施工、管理和科研的复合型人才。核心课程有材料力学、流体力学、结构力学、土力学、岩石力学、土木工程材料、混凝土结构设计、地下空间规划与设计、地下建筑结构、地下工程施工、地铁与隧道工程、地基与基础等。

深地科学与工程研究中心

江安校区水电基地实验楼

学科优势

完善学科布局

拥有水利工程、土木工程2个博士后流动站，水利工程、土木工程2个一级博士授权点，14个博士点和17个硕士点，水力学及河流动力学、岩土工程、水文及水资源3个国家重点学科，1个四川省重点学科。"深地与地下水利工程"列入四川大学世界一流学科（群）建设。

一流师资队伍

拥有中国工程院院士1人，双聘院士1人，特聘院士3人，国家自然科学杰出青年基金获得者5人、优秀青年基金获得者3人，国家"万人计划"领军人才2人，青年拔尖人才1人，教育部新世纪（跨世纪）人才计划9人，四川省学术和技术带头人、有突出贡献专家23人。

优质平台资源

拥有水力学与山区河流开发保护国家重点实验室、岩土工程/水文水资源工程两个四川省重点实验室、四川省山区流域水灾害与水环境国际科技合作基地，还有国内唯一的室内深地科学与工程实验室、世界最深的中国锦屏地下实验室，开展跨学科研究的四川大学智慧水利研究中心，以及专门用于本科实验教学的水利水电实验中心等校级平台。全院实验室面积约6万多平方米，实验设备有4000多台套，价值2亿多元。

科研反哺教学

近年来，学院承担国家重点研发计划、国家自然科学基金以及国家重大工程科技攻关等项目200余项；获国家自然科学二等奖1项，国家技术发明二等奖1项，国家科技进步二等奖9项，省部级科技进步奖和教学成果奖60余项，年均科研经费逾亿元。高水平科研成果通过课堂教学、前沿讲座、科研训练、创新创业、学科竞赛等途径，高效反哺教学。

第14次河流泥沙国际学术会议

第9届桥梁隧道工程技术论坛

国际化培养

国际视野

与美国、英国、德国、日本等12个国家和地区的20余所大学、研究机构建立了合作关系，致力于解决水资源、水工程、水环境、地下空间、新能源、防灾减灾等领域的重大科学技术问题，每年邀请外籍专家开设短期课程10门左右，构建了以国际联合培养、"国际课程周""大川视界"、学术交流、合作研究为主要形式的本科生国际交流机制，如与英国诺丁汉大学、英国伯明翰大学、加拿大卡尔加里大学开设联合培养等。

国（境）外深造

英国牛津大学、英国帝国理工大学、英国诺丁汉大学、美国哥伦比亚大学、澳大利亚墨尔本大学、日本京都大学、新西兰奥克兰大学、澳大利亚新南威尔士大学、中国香港大学、中国香港科技大学、中国香港理工大学等。

创新实践

建成以流域梯级电站、水资源综合利用和防灾减灾为主的三类集成式校外企业实践基地28个（其中国家级工程实践中心2个）；建成一支200余人的企业兼职导师队伍，为本科生开展毕业设计和创新创业指导。开设企业导师课程等，每年到企业实践的学生达1000余人次，校企联合指导毕业设计100多项。

实践周"国际交流营"

国际交流营参观都江堰

"深地国际大科学计划"讲座

国际课程周

优秀大学生暑期夏令营

毕业去向

主要就业方向

政府机关及事业单位、开发公司、设计院、施工企业、科研院所、国有企业、国际企业、自主创业等。

主要就业单位

中国电力建设集团公司、中国能源建设集团公司、中国长江三峡集团公司、中国建筑工程公司、中国铁建股份有限公司、中国中铁股份有限公司、中国市政工程、中国工商银行、中国建设银行、万科企业股份有限公司、中国恒大集团、绿地控股集团有限公司、华润置地有限公司等。

2020届本科生毕业去向

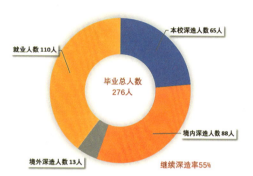

本校深造人数 65人
就业人数 110人
毕业总人数 276人
境内深造人数 88人
境外深造人数 13人
继续深造率55%

部分优秀校友

孙砚方 / 1977级，原四川省水利厅厅长。
晏志勇 / 1978级，中国电力建设集团有限公司董事长。
戴 波 / 1978级，原中国大唐集团公司广西分公司总经理。
匡尚富 / 1978级，中国水利水电科学研究院院长。
沈永明 / 1979级，国家级人才计划入选者。
杨朝晖 / 1979级，贵州省应急管理厅副厅长。
杨清廷 / 1980级，华电集团党组成员、副总经理。
李原园 / 1980级，水利部水利水电规划设计总院副院长。
张 伟 / 1980级，原华能四川水电有限公司董事长。
贾金生 / 1980级，中国大坝工程协会副理事长兼秘书长、原国际大坝协会主席。
梁 旭 / 1980级，美国匹兹堡大学教授。
张利民 / 1980级，香港科技大学教授。
许唯临 / 1980级，四川大学常务副校长、国家级人才计划入选者。
王连安 / 1981级，中科院健康产业集团董事长。
刘 勇 / 1981级，华能西藏雅鲁藏布江水电开发投资有限公司总经理。
李金祥 / 1982级，水利部松辽水利委员会党组成员、副主任。
闫九球 / 1982级，广西壮族自治区水利厅副厅长。
田 军 / 1982级，贵州省招生考试院院长。
程海云 / 1983级，水利部长江水利委员会水文局局长、党委副书记。

贺晓春 / 1983级，四川省港航投资集团有限责任公司党委书记、董事长。
胡贵良 / 1984级，华电金沙江上游水电开发有限公司党委书记、董事长。
李 平 / 1985级，北京东土科技股份有限公司董事长。
谭小平 / 1985级，四川省水利厅副厅长。
李 胜 / 1985级，贵州东方世纪科技有限公司董事长。
梁武湖 / 1986级，四川省发改委副主任，四川省能源局局长。
王 华 / 1986级，四川省水利厅副厅长。
刘加海 / 1986级，黑龙江省水利厅副厅长。
张永泽 / 1987级，西藏自治区人民政府副主席。
马铁民 / 1987级，水利部松辽水利委员会党组成员、副主任。
潘 军 / 1988级，花样年控股集团有限公司董事局主席。
张凤阳 / 1990级，北京京能清洁能源电力股份有限公司党委书记、总经理。
熊敏峰 / 1992级，国家能源局新能源和可再生能源司副司长。
易雨君 / 1999级，国家优秀青年基金获得者、国家级人才计划入选者。
唐旭海 / 2002级，国家级人才计划入选者。
杨雨亭 / 2004级，国家级人才计划入选者。

联系方式

学院网址：http://cwrh.scu.edu.cn
联系电话：19182261663; 19182261770
电子邮箱：1696719438@qq.com
微信公众号：四川大学水利水电学院

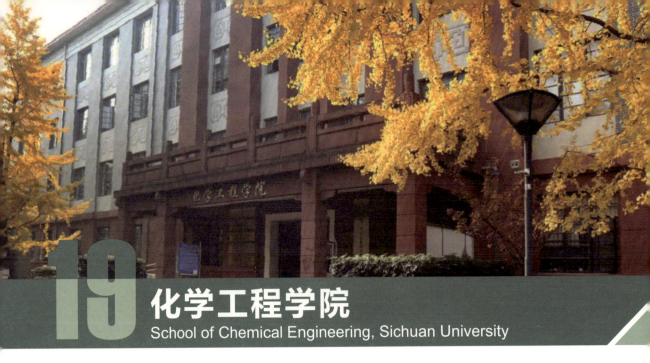

19 化学工程学院
School of Chemical Engineering, Sichuan University

学院概况

四川大学化学工程学院创建于1952年，是国家重点一流化工类学院之一。拥有国家一流学科"化学与绿色化工"，国家重点学科"化学工程"和"化学工程与技术"一级学科博士学位授权点和博士后流动站。按3大类招生：工科试验班（绿色化工与生物医药、互联化工、动力装备与安全），涵盖化学工程与工艺、过程装备与控制工程、制药工程和生物工程4个本科专业。

学院办学实力雄厚，拥有各类人才、教学名师86人，国家/省部级学科平台10个，化学工程与工艺、制药工程获首批国家一流专业、过程装备与控制获首批省一流专业，所有专业均通过国际互认的工程教育专业认证。2020年"软科世界一流学科排名"位列全球第21位。与美国纽约州立大学、英国伯明翰大学等近10所国外名校进行联合办学，每年约10%的毕业学生前往哈佛、帝国理工、佐治亚理工等名校留学；近年深造率达50%；就业率居全校前列，且多为名企。为鼓励优秀学生报考，设立的单项社会奖学金最高达1.2万元/人。

学院建筑

培养特色

化学工程学院秉承"立足基础、面向工业、服务社会"的办学理念,积极探寻人才培养新模式,依托磷化工、低碳化工、膜分离和互联化工等学科优势,逐渐形成了国内化工领域完善的学科体系和人才培养体系。

本科教学以培养具有强烈创新意识、宽广国际视野、扎实专业知识、良好工程实践能力,适应化工、能源、材料、医药和环保等相关行业发展需求的高素质、复合型领军人才为目标。

通过"探究式—小班化"教学开展通识教育及专业教育,通过"课内+课外"实践体系培养工程实践能力,通过"国际课程周""大川视界"及本专业的

中外合作办学项目培养国际视野。培养方案注重多学科交叉的新工科特色,学生在修完通识课程和专业基础课程后,可根据个人兴趣爱好选择新能源与材料化工和安全环保等专业模块课程进行学习。本科生10%以上选择出国留学,约50%选择继续攻读研究生,年均就业率稳居全校前列。

我院学生国际国内赛会获奖

学院文体活动

专业剖析 ▷▷▷▷▷▷▷▷▷▷▷▷▷▷▷▷

化学工程与工艺

化学工程与工艺专业涉及石油、化工、材料、新能源等领域。旨在培养适应现代化工发展需要，系统掌握化工技术的基础理论和专业技能，能在相关领域从事科学研究、技术开发、生产管理、工程设计、工程技术和研究开发等工作的创新型高尖人才。是教育部高校化工类专业教学指导委员会副主任单位，入选国家一流专业和国家"卓越工程师教育培养计划"。专业核心课程包括化工原理、化工热力学、化学反应工程、化学工艺学、化工设计、化工安全等课程。

过程装备与控制工程

过程装备与控制工程专业涉及动力、环保、轻工、机械、航空、安全等领域。旨在培养适应现代化工过程控制与化工装备发展需要，系统掌握化工过程控制与装备的科学原理、技术开发等基础理论和专业技能，能在相关领域从事科学研究、技术开发、设计制造和工程管理等工作的创新型高端人才。核心课程包括机械设计、材料力学、理论力学、工程流体力学、工程热力学、传热学、压力容器、流体机械、过程装备控制技术及应用等。

制药工程

制药工程专业涉及天然药物、药物制剂、药物分析及检测等领域。旨在培养适应现代医药工业发展需要，系统掌握现代制药工程相关基本理论和技能，能在相关领域从事设计、质量管理与控制、技术与产品研发、经营管理等工作的高端人才。本学院是制药工程专业在国内的首批招生院校之一，排名全国前3%。为国家级特色专业和一流专业，获国家级、省级教学成果10余项。专业核心课程包括制药分离工程、药物分析、工业药剂学、药物化学、药品生产质量管理等。

生物工程

生物工程专业涉及生物资源和能源、生物分离材料与方法、生物矿化等领域。旨在培养适应现代生物工程技术发展和经济及社会发展需要，系统掌握生物工程及其产业化的科学原理、工艺技术、工程设计等基础理论和技能，能在相关领域从事技术与产品研发、生产与技术管理、工艺与工程设计等工作的高端人才。核心课程包括生物化学、微生物学、蛋白质工程、生物反应工程、生物分离工程、生物工艺学、生物工程设计等。

学院实验室

比较优势

化学工程学院拥有国家重点建设的一流学科"化学与绿色化工","化学工程"国家重点学科,"化学工程与技术"一级学科博士学位授权点和博士后科研流动站。第四轮全国学科评估为A-。本科4个专业全部通过工程教育认证,其中,化学工程与工艺、制药工程2个专业获准首批国家级一流本科专业(双万计划)建设,并进入全球工程教育"第一方阵"。拥有教育部"磷资源综合利用与清洁加工工程研究中心"、空天动力燃烧与冷却教育部工程研究中心,以及四川省"先进磷化工技术与装备协同创新中心"。建设有"过滤与分离"等4个四川省重点实验室,1个四川省"磷化工技术与装备工程实验室"和绿色化工四川省国际科技合作基地。学院有兼职/特聘院士7人,四川大学杰出教授1人,国家级各类人才10人,国务院学科评议组成员3人,国家"百千万人才工程"入选者1人,国家有突出贡献的中青年专家2人,教育部"跨世纪、新世纪优秀人才"8人,享有国务院政府津贴26人,四川省学术和技术带头人8人。学院承担国家级重大研究计划等项目80余项,获国家科技进步一等奖1项、二等奖1项,国家技术发明奖2项,教育部科技进步特等奖1项,亿利达科学技术奖1项,有发明专利200余项。2012—2019年,到校科研经费累计5.1亿元,发表SCI/EI论文2000余篇。

名师交流——钟本和教授指导学生做实验

名师交流——李象远教授与学生交流

国际化培养 〉〉〉〉〉〉

化学工程学院注重对学生的国际化培养,2017年获批四川省国际合作基地,与一带一路沿线国家的新加坡国立大学、印度理工学院坎普尔校区、阿联酋哈利法大学建立国际合作基地;与美国康涅狄格大学、华盛顿大学、纽约州立大学,加拿大渥太华大学,英国伯明翰大学,日本弘前大学、日本国立横滨大学,新加坡国立大学,阿联酋哈利法大学等世界知名大学建立了实质性的合作关系;与国外10多所学校签订"3+1""3+2"等合作办学协议,积极探索学生培养新模式。同时与广东东阳光集团、四川能投集团、四川宜宾天原集团、四川空分集团等大型企业合作建设学生实践基地。

我院学生参与国际交流

毕业去向 〉〉〉〉〉〉

国(境)外深造院校

宾夕法尼亚大学	澳大利亚国立大学
卡内基梅隆大学	悉尼大学
哥伦比亚大学	墨尔本大学
密歇根大学	奥克兰大学
南加州大学	布里斯托大学
佐治亚理工大学	新加坡国立大学
华盛顿大学	南洋理工大学
纽约州立大学	香港科技大学
康涅狄格大学	东京大学
佛罗里达大学	北海道大学
多伦多大学	京都大学
渥太华大学	埃因霍温理工大学
麦吉尔大学	……
西安大略大学	
剑桥大学	
帝国理工大学	
曼彻斯特大学	
伯明翰大学	
华威大学	
爱丁堡大学	

主要就业方向

本学院毕业生可适应化工、能源、材料、医药和环保等相关行业发展需求,从事化工产业以及相关交叉学科的工艺设计、研发、生产管理和质量控制等工作。毕业生中有40%～50%出国或在国内深造,15%～20%在机关事业单位工作,其他在石油化工、新能源、核工业、航空和电子等行业的企业工作,包括中国石油、中国石化、中国海油、苹果(中国)、陶氏化学、保洁(中国)、葛兰素史克、甲骨文、华为、微软中国、中国兵器集团、中国航空集团等。

部分优秀校友

傅依备

中国工程院院士。1953年毕业于四川大学（原四川化工学院）化工系，放射化学专家、博士研究生导师、中国工程院能源与矿业工程学部院士。1963年2月调第二机械工业部第九研究院，历任研究室副主任、研究所副总工程师、副所长，中国工程物理研究院科技委副主任。2001年当选为中国工程院院士。现任中国工程物理研究院研究员，院专家委员会委员，四川大学原子与分子物理研究所所长。四川省委和省政府咨询委员会委员。先后被评为院、部、省劳动模范，1986年获得国家级有突出贡献中青年专家称号，1989年被国务院授予"全国先进工作者"称号。

姜维平

重庆圣华曦药业股份有限公司董事长(77级)，1992年创办重庆华曦医用化工厂，2010年至今任重庆圣华曦药业股份有限公司董事长、重庆汇智药物研究院有限公司院长。姜维平校友心系母校发展，2012年以来，多次向母校捐赠，建成四川大学卓越工程师训练中心，设立了四川大学"姜维平优秀教学奖"、四川大学"圣华曦奖学金、奖教金"等。

梁斌

四川大学教授（78级），四川大学副校长，新能源与低碳技术研究院院长。1989年获博士学位，先后在荷兰代尔夫特大学、美国太平洋西北国家实验室、纽约州立大学访问工作，教育部化工教学指导委员会副主任委员，国务院学位委员会学科评议组成员，享受国务院"政府特殊津贴"专家。参加了数十年的高等学校化工人才培养教学建设和改革工作，牵头主持化学反应工程课程建设，担任*Bioprocess Engineering and Biorefinery*，*Chinese Journal of Chemical Engineering*等重要科学杂志编委，2018年获得国家教育部教学成果一等奖，2010年获得中国石化集团科技进步二等奖，2014年获得四川省科技进步二等奖。

王勇

美国太平洋西北国家实验室环境与分子科学首席科学家、华盛顿州立大学化工系杰出教授。1984年毕业于四川大学化学工程系，2009年入选国家级人才计划，美国太平洋西北国家实验室（Pacific Northwest National Laboratory, PNNL）首席科学家及催化研究所副所长，美国华盛顿州立大学化工系杰出终生讲座教授。同时也是美国化学工程师协会(AICHE) Fellow、美国化学会（ACS）、英国皇家化学会（RSC）Fellow，先后获得多项R&D100 Award奖，包括总统绿色化学奖等，共获得108项美国专利，在*Science, Nat. Commun., J.Am.Chem.Soc, AngewandtChemie, Energy and Env. Sci.*和*ACS Catalysis*等国际著名期刊发表论文312篇，累计被引用数达25000多次。

李锂

深圳市海普瑞药业集团股份有限公司董事长（83级）。1998年4月，李锂、李坦夫妇创立海普瑞公司，李锂担任公司董事长至今。海普瑞主要从事于肝素钠原料药研究、生产及销售，是目前国内肝素钠原料药行业唯一同时通过美国FDA认证和欧盟CEP认证的企业。李锂同时是多普乐实业董事长、乐仁科技执行董事、飞来石科技执行董事、多普生生物技术董事，深圳市专家委员会委员。

刘一横

中国成达工程公司董事长，1987年本科毕业于四川大学（原成都科技大学）化学工程系本科毕业，1990年硕士毕业生，现任中国成达工程有限公司党委书记、董事长。为成达公司的发展做出了突出贡献，2004年获"工程总承包金钥匙奖""四川省第五届劳动模范"；2006年获"国际杰出项目经理"；2009年获"全国第四届优秀工程总承包金钥匙奖"等荣誉称号。

褚良银

四川大学教授（85级），四川大学副校长，二级教授、博士生导师。国家杰出青年科学基金获得者，享受国务院政府特殊津贴专家，国家有突出贡献中青年专家，全国优秀博士学位论文指导教师，教育部创新团队带头人，天府万人计划创新领军人才。英国伯明翰大学荣誉教授，英国皇家化学会会士。先后赴日本东京大学、美国哈佛大学、法国巴黎高等物理化工学院、英国伯明翰大学进行博士后研究和学术访问研究。研究成果荣获国家技术发明奖二等奖1项、省部级自然科学奖2项和省级科技进步奖3项。

汪华林

华东理工大学教授，1989年本科毕业于四川大学（原成都科技大学）化学工程系，华东理工大学化学工程联合国家重点实验室固定研究员、全国化学工业机械设备标准化技术委员会副秘书长、中国化工学会化工机械专业委员会委员、中国能源学会理事。曾入选"教育部新世纪优秀人才支持计划"，先后被评为"上海市青年科技英才""上海市科技精英"，被列入"新世纪百千万人才工程国家级人选"名单。获国家"杰出青年基金"，2009年国家科技进步二等奖，2007年国家科技进步二等奖，2006年上海科技进步一等奖，2004年上海科技进步二等奖，2002年中国石化集团科技进步二等奖，2001年上海科技进步二等奖。

王广金

中国核动力研究设计院研究员（96级），中共十九大代表。荣获第十三届中国青年科技奖、中国专利优秀奖、第十六届四川青年五四奖章、第二届中央企业青年五四奖章、第十八届国家级企业管理现代化创新成果二等奖、中国国防科技工业企业管理创新成果二等奖、工信部"国防科学技术进步一等奖"；入选四川省万人计划；被评为四川省优秀共产党员、四川省岗位学雷锋敬业标兵、中国核工业集团公司十大杰出青年。

联系方式

学院网址：http://ce.scu.edu.cn/
联系电话：028-86998016 / 85406042
电子邮箱：1424147567@qq.com，1029360351@qq.com
微信公众号：四川大学化学工程学院

20 轻工科学与工程学院
College of Biomass Science and Engineering, Sichuan University

学院概况 》》》》》》》》》》》》》》》》

轻工科学与工程学院是四川大学办学较早、积淀最深厚的学院之一，源于1921年建立的燕京大学制革学系、1954年成都工学院建立的食品化工专业、1988年成都科技大学建立的服装设计与工程专业以及2004年我校在国内率先开办的轻工生物技术专业，经院系调整组建而成。目前设有轻化工程、食品科学与工程、生物工程（轻工生物）和服装与服饰设计四个本科专业，按工科试验班（生物质加工利用工程）和服装与服饰设计两个专业（类）招生。学院坚持"以学科建设为龙头、本科教育为核心、研究生培养并进"的全局化育人理念，以"服务国家发展战略的需求、引领生物质加工利用的高教发展"为办学方向，为轻工、食品、发酵、服装等重要民生产业的技术进步、转型升级和可持续发展培养综合性、复合型领军人才。

诚行楼

千纸鹤支教团

毕业奥斯卡晚会

培养特色 》》》》》》》》》》》》》》》》》》》》

学院致力于培养适应生物质领域发展所需，德智体美劳全面发展，系统掌握能促进生物质及相关行业技术革新、转型升级、可持续发展必备的理论、知识和技术，具有创新意识并能主动开展国际比较、独立分析和创新实践，且具有人文修养和家国情怀的高层次领军人才。构建了较完善的本科生"323+X"创新人才培养体系，坚持开放办学理念，以承担的教育部"新工科"等教改项目为牵引深化教育改革，邀请行业协会、国内外企业高管和工程师参与教学计划制订，并建立了工程类、艺术类学生培养校企合作机制及教学模式，激发学生创新创业思维，培养学生实践能力。学院采用大类招生、学研结合和贯通式培养模式，基于学生的个性特点和发展诉求，从大二开始，让学生自主选择进入不同研究和实践平台，对他们进行科研与工程创新能力培养。

魏涛教授为学术论坛作报告

Zach Armitage博士为学术论坛作报告

专业剖析 》》》》》》》》》》》》》》》》》》》》

轻化工程 ————————●

轻化工程专业为国家级一流专业建设点、国家级特色专业，致力于培养既能支撑传统产业的持续发展和转型升级，又能适应未来技术和新兴产业发展需求的复合型人才，以及掌握数学、材料、化学、化工等基础理论与专业知识，具备在生物质材料、生物质化学品、生物质能源等领域从事科学研究、工程设计、技术创新、管理和商贸等工作的基本能力和强烈创新意识的卓越人才。核心课程有生皮蛋白质化学及组织学、生物质功能材料、鞣制化学、制革工艺学等。

学院实验室

食品科学与工程

食品科学与工程专业为省级一流专业建设点,已通过工程认证。旨在培养具有扎实的食品科学、食品工程等理论基础和专业技能,具有良好的职业道德、团队精神、跨文化沟通能力和国际视野,能在食品及相关领域从事基础研究、产品开发、工程设计、分析检测、生产管理、经营管理等工作,能够跟踪本学科新技术的发展,具有解决复杂工程问题能力的新工科人才。核心课程有生物化学、微生物学、食品化学、食品工艺学、化工原理、食品营养学、食品分析、食品安全学等。

学生在进行科研实验

生物工程(轻工生物)

生物工程(轻工生物)为新兴交叉专业,已通过工程认证,着力培养具有生物技术基础、生物化学、微生物学、发酵工程、基因工程、生物分离工程等学科理论基础和专业技能,具有团队精神、创新意识和国际视野,能在生物工程、食品与环境工程等领域从事工程设计、工艺管理及技术开发等相关工作,具有解决复杂工程问题能力的新工科人才。核心课程有物理化学、生物化学、微生物学、生物反应工程、生物分离工程、基因工程、生物工程设计、生物信息技术等。

我院学生获第四届"互联网+"大学生创新创业大赛银奖

中美大学生创新竞赛

服装与服饰设计

服装与服饰设计专业作为省级特色专业,利用学院兼有工科和艺术类专业的特色和优势,建立了"艺术+工科"创新人才培养模式。旨在培养具有服装设计、服装制板与工艺制作、服装CAD等学科理论基础和专业技能,具有较高的服饰审美水平和艺术造型能力,能够从事服装设计开发、工艺设计与生产等技术的复合型人才。核心课程有时装画技法与展示、纺织与服装材料、服装立体裁剪、服装结构设计与制衣工艺、服装CAD设计(全英文)、服装创意设计等。

学生为NBA球员测量   "衣秀杯"服装设计大赛暨校园模特大赛

比较优势 ⟫⟫⟫⟫⟫⟫⟫⟫⟫⟫⟫⟫⟫⟫⟫⟫⟫⟫

学院师资力量雄厚,学科专业特色优势鲜明。汇聚了一批以院士等专家学者领衔的卓越人才和一流师资队伍,建有国家工程实验室、教育部重点实验室和国家级创新团队、国家级教学团队等20多个科研和教学平台。依托学科是国家重点学科、"985"和"双一流"建设学科,拥有一级博士点和博士后流动站。获准国家级一流和省级一流专业建设点各1个,通过工程教育认证专业2个,形成了完善的"学士—硕士—博士"贯通式人才培养体系,是该领域具有重要国际影响

力的人才培养和科技创新策源地。在近百年办学历史中,培养了以3名院士等为代表的一大批领军人才,产出了惠泽社会和百姓的重要科技成果,特色学科已达到国内领先、国际一流的水平。学院是教育部轻工类教学指导委员会主任单位,致力于引领"新工科"专业的建设,创办了由大师领衔的"生物质科学与工程创新班",为生物质战略性新兴产业培养创新型人才。

近年来,学院先后承担了国家重点研发计划项目,国家科技支撑计划项目、国家"973"和"863"项目,国家自然科学基金,国家杰出青年基金,科技部国际合作项目,教育部博士点基金,教育部、中央、省市项目及企事业单位委托项目,科研成果丰硕,并致力于行业科学技术进步、企业技术攻关及高校创新性人才培养的科教融合战略。

高端外籍教授Didier院士与学生交流

石碧院士给学生授课

联合国皮革专家scholz给学生上课

国际化培养 ≫≫≫≫≫≫≫≫≫≫≫≫≫≫≫≫≫≫

学院坚持国际化的办学方向,先后与澳大利亚蒙纳士大学、英国南安普顿大学、伦敦艺术大学、西班牙加泰罗尼亚大学、美国宾夕法尼亚州立大学等国外名校建立合作办学关系,并与美国、英国、日本、德国、法国、捷克、罗马尼亚、韩国、新加坡、意大利、澳大利亚、西班牙等国家和地区学术研究机构开展广泛合作。石碧院士曾出任国际皮革化学家和工艺学家协会联合会(IULTCS)主席;学院每四年主办一次中韩食品技术国际学术研讨会和中日食品及酿造技术国际学术研讨会;发起首届并承办第七届亚洲国际皮革科学技术会议、承办多届中日高分子与纤维学术研讨会等国际会议。学院通过"国际课程周"邀请境外知名高校30余名外籍专家开设全英文课程40余门,年均受益学生超过400人次。

2017年与罗马尼亚签订"一带一路"平台建设协议

2017年罗马尼亚代表团与师生交流

西班牙外教在校内实习基地指导实习生

学生在SATRA公司实习

毕业去向 ▷▷▷▷▷▷

国（境）外深造院校

亚蒙纳士大学

南安普顿大学

伦敦艺术大学

伦敦时装学院

伯明翰大学

瓦格宁根大学

爱丁堡大学

利兹大学

谢菲尔德大学

雷恩第一大学

加泰罗尼亚理工大学

荷兰万豪劳伦斯坦应用科学大学

韩国国立木浦大学

东京大学

宾夕法尼亚州立大学

……

主要就业方向

　　轻化工程专业毕业生主要在生物质材料、生物质化品、生物质能源等领域的出入境检验检疫局、行业研究院、大型精细化工企业、制革企业、贸易企业等技术、管理岗位任职。

　　食品科学与工程专业与生物工程（轻工生物）专业毕业生主要在食药监、检验检疫局、行业研究院、大型生物工程、生物制药、食品企业等产品研发、技术支持、分析检测、管理等岗位任职。

　　服装与服饰设计专业毕业生主要在行业设计机构、品牌鞋服企业、贸易企业等的设计开发、生产管理、技术支持、零售管理等岗位任职。

部分优秀校友 ▷▷▷▷▷▷

石 碧

中国工程院院士。1982年本科毕业于成都科技大学(现四川大学)皮革工程专业。博士，博士生导师，中国工程院院士，国家级人才，现任制革清洁技术国家工程实验室（四川大学）主任，教育部高等学校轻工类专业教学指导委员会主任，全国政协常委。主要从事制革化学、制革清洁技术、制革废弃物资源化利用、植物单宁深加工利用等方向的研究工作。研究成果获国家技术发明二等奖2项、国家科技进步二等奖1项、部省级一、二等奖5项；发表论文443篇（其中SCI收录170篇，EI收录39篇）；出版专著/教材4本；授权中国发明专利35项。被评选为全国先进工作者、全国模范教师、全国优秀留学回国人员，获国际皮革化学家及工艺学家协会联合会杰出贡献奖（IULTCS Merit Award）。

严建林

四川达威科技股份有限公司董事长。1991年本科毕业于成都科技大学（现四川大学）皮革工程专业。于1994年12月成立自己的贸易公司，经营皮革化学品，2003年开始从事皮革化学品研发，2015年达威科技股份有限公司的营业收入达到了2.75亿元，净利润4798.23万元。他所带领的四川达威科技股份有限公司（简称：达威股份，代码：300535）作为一家优秀的皮革化学品生产企业，于2016年8月12日正式登陆深交所创业板。

李文琴

四川省宫玉服饰设计有限公司董事长，四川省服装设计专委会副主任、成都市女企业家协会理事、"爱思青年公益发展中心"公益伙伴。1997年毕业于服装设计专业，毕业后创立服装高级定制品牌"宫玉"，担任公司董事长、主创设计师。"宫玉"设计作品曾获"2015成都创意设计周"服装设计类银奖（金奖空缺），出席"2015台湾国际天然织染交流展"并进行了展场秀。每年主导品牌"宫玉"原创300余款样衣并主办两场品牌时装秀。2017年11月主办了"第五季·宫玉私藏绣画展暨手作新品秀"。

联系方式

学院网址：http://qfsp.scu.edu.cn/

联系电话：028-85403113

电子邮箱：qfyb@scu.edu.cn

微信公众号：四川大学轻工科学与工程学院

21 高分子科学与工程学院
College of Polymer Science and Engineering, Sichuan University

学院概况

　　四川大学高分子科学与工程学院是教育部直属重点高校中第一个以高分子学科为主体的学科型学院。四川大学高分子学科是在1953年6月建立的我国高校中最早的高分子化合物专业(1954年更名为塑料工学专业)的基础上发展起来的,中科院院士徐僖教授等是该学科的创始人。

　　学科现有高分子材料工程国家重点实验室、高分子研究所、高分子材料系、高分子材料加工工程系、医用高分子材料及人工器官系、高分子材料与工程专业实验室等教学科研机构。

　　学院设有高分子材料与工程本科专业,设有材料学(高分子材料)、材料加工工程(高分子材料加工工程)、生物医学工程(生物医用高分子材料及人工器官工程)、材料与化工4个培养研究生的学科专业,4个学科点均具有硕、博士学位授予权,并建有博士后流动站。材料科学与工程、生物医学工程为国家一级学科重点学科,材料学、材料加工工程为国家二级学科重点学科。所属高分子材料工程学科是"211工程""985工程"重点建设学科,以先进高分子为特色的材料科学与工程学科进入

学院老照片

学科创始人　徐僖院士

世界一流学科建设名单,ESI排名前1‰,是四川省乃至全国高分子材料与工程专业人才培养基地。学院每年招收本科生300余人、硕士生人220余人、博士生80余人。

高分子材料工程重点实验室

高分子创新中心

培养特色

四川大学高分子学科的优势是其工程性和综合性，特色明显。以厚基础、宽专业、高素质、强能力为目标，培养适应未来发展要求，具有竞争意识、创新精神和创业能力的高级工程技术人才。使其能熟练使用数学、自然科学、工程基础与专业知识分析和解决高分子材料合成、加工工业中复杂工程问题；能够在高分子材料及其相关领域独立从事材料和产品的设计、生产制备、科学研究、过程开发、工程设计和企业管理等方面的工作。本专业学生有较强的适应能力，反映出基础强、上手快的特点，得到国内外高分子材料工程界的认同。

学生学习剪影

专业剖析

高分子材料与工程专业是国家级特色专业，是教育部首批"卓越工程师教育培养计划"试点专业，是首个通过工程教育认证的高分子材料类专业，拥有高分子材料与工程国家级优秀教学团队和国家级材料科学与工程实验教学示范中心。专业培养实施"一条龙、全过程导师制"，对大一学生着力进行兴趣培养，学生从大二开始进课题组、进实验室、进科研团队；鼓励教学与科研、课程与课题、研究团队和教学团队相结合，让学生更多地参与科研训练和创新实践；完善全员育人机制。全面开展高水平"探究式—小班化"课堂教学改革，实现启发式授课、互动式交流、探究式讨论。推行全过程学业评价和非标准答案考试，通过灵活、自由、启发式的考核方式，充分激发学生的学习能力、表达能力、思辨能力、团队协作能力和创新能力。

实验室openday

创新创业讲座

创新创业大赛

高分子实验中心

高分子学术论坛

学科优势

四川大学高分子材料学科是我国最早的高分子材料专业（1953年由徐僖院士创建），拥有第一本教科书、第一个高分子研究所、直属高校中的第一个高分子学科与工程学院和最早的高分子材料与工程国家重点实验室。通过历期"211工程"和"985工程"重中之重建设，四川大学高分子学科已经成为高分子材料科学与工程领域规模最大、最有影响的科研和教学基地之一。

材料科学与工程第四轮教育部学科评估结果为A-，以先进高分子为特色的材料科学与工程入选国家"双一流"建设学科名单。

2016 年4月25日，李克强总理亲临高分子材料工程国家重点实验室视察，对以四川大学高分子为代表的材料科学与工程学科取得的巨大成绩给予了充分的肯定，并明确提出要把"川大高分子建设成世界一流学科"的要求。

学科现有教职工218人，其中教授/研究员78人，副教授/副研究员81人，有院士2人、杰出青年基金获得者6人，其他国家级人才计划入选者18人。学科拥有雄厚的科研实力，近五年，累计到校经费4.94亿元，获得授权发明专利320余项，荣获省部级及以上奖励16项（其中国家级奖励3项）。科研工作结合国家重大需求，为国民经济建设做出了重要贡献。同时，学科雄厚的科研实力为人才培养提供了强有力的保障。

国际交流

四川大学材料科学与工程学科在国内外具有重要影响。与加拿大、美国、英国、德国等10余个国家的高校、科研机构和企业开展卓有成效的国际合作，先后建立了中英国际聚合物微型加工中心、中英先进材料研究所、中意多功能聚合物和生物材料研究中心、中加国际聚合物发泡研究中心等4个国际合作平台；聘请了包括英国皇家工程院院士，美国工程院院士和国际流变学会主席在内的7名高端外籍教师到四川大学工作；定期召开国际顾问委员会，与中石化、中石油、攀钢等国家龙头企业合办13个研究室，为企业发展提供了技术支撑。

学科高度重视国际化人才培养，先后与美国阿克隆大学、英国伦敦大学玛丽皇后学院、英国拉夫堡大学等国际知名高校设立"3+2"联合培养项目，学生在川大学习三年，在国外学习两年，毕业后同时获得川大的本科及国外的硕士学位。同时利用假期在国外知名高校开展海外实习及"大川视界"项目，开拓学生国际视野。

海外实习

高端外教教学

毕业去向 ≫≫≫≫

国（境）外深造院校　　**主要就业方向**

麻省理工学院　　　　中国石油化工集团有限公司

哥伦比亚大学　　　　中国石油天然气股份有限公司

约翰霍普金斯大学　　华为技术有限公司

加州大学洛杉矶分校　金发科技股份有限公司

帝国理工大学　　　　广东生益科技股份有限公司

新加坡国立大学　　　中兴通讯股份有限公司

密歇根大学　　　　　四川东材科技集团股份有限公司

东京大学　　　　　　……

……

部分优秀校友 ≫≫≫≫

段镇基 / 1952级，中国工程院院士。

石　碧 / 1978级，中国工程院院士，四川大学教授。

王　琪 / 1978级，中国工程院院士，四川大学教授。

徐　坚 / 1978级，中国科学院化学研究所副所长、研究员。

周　彬 / 1997级，康佳集团总裁。

何仲文 / 1988级，中海石油炼化有限责任公司董事长、总经理。

联系方式

学院网址：http://cpse.scu.edu.cn/

联系电话：028-85405401 / 85461786

电子邮箱：gaocaixi@scu.edu.cn

微信公众号：川大高分子

22 生物医学工程学院
College of Biomedical Engineering, Sichuan University

学院概况

四川大学生物医学工程学科创立于20世纪70年代。四川大学是国内最早建立该学科的高校之一。生物医学工程学院1986年获硕士学位授予权，1992年获博士学位授予权，1990年建立博士后流动站，1999年招收生物医学工程本科专业，2019年生物医学工程本科专业入选首批国家一流本科专业建设点。

四川大学生物医学工程学科是一级学科国家重点学科，国家"211工程""985工程"重点建设学科，在历次全国学科评估中名列前茅，2016年第四轮学科评估为A-，2019上海软科世界一流学科排名位列全球第十，是四川大学重点建设的"双一流"学科和"高峰学科"，也是国际生物材料科学与工程联合会主席单位、中国生物材料学会首任理事长和学会挂靠单位、教育部生物医学工程教学指导委员会副主任单位。

2020年张兴栋院士荣获Acta Biomaterialia金奖，成为首位获得该奖的亚裔学者

为进一步发挥学科的整体优势，满足国际一流生物医学工程人才培养的需求，四川大学于2020年整合校内生物医学工程领域的教学科研优势资源，成立了教育教学中心和科技创新中心两大平台有机融合的生物医学工程学院。教育教学中心是学院人才培养的主体，设有生物医学材料、医学信息与仪器、医疗器械监管科学三个教学系和一个实验教学中心。科技创新中心是学院科学研究与技术创新的主体，包括国家生物材料工程技术研究中心、医疗器械监管科学研究院、四川省生物材料基因工程研究中心、四川医疗器械生物材料和制品检验中心等科技创新平台。

学科评估全国排名	
年份	排名
第四轮	A-，共列第四
第三轮	第5名
第二轮	第3名
第一轮	第5名

软科世界一流学科排名	
年份	排名
2019年	全球第10名
2018年	全球第20名
2017年	全球第24名

四川大学
一级学科国家重点学科
The First-class National Key Discipline
生物医学工程
Biomedical Engineering

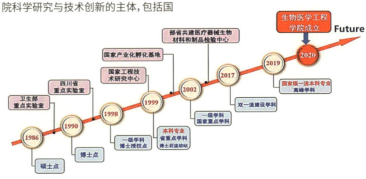

培养特色

本学科秉承"海纳百川、追求卓越"的川大精神,服务"健康中国"的国家重大战略需求,依托文理渗透医工融汇的整体优势,形成了以生物医学材料及植入器械为显著优势特色、医学信息与仪器为重要支撑的"川大风格",组织诱导理论与组织再生修复材料在国内外独树一帜。设立"生物材料国家工程中心创新班",打造国际一流的生物医学大师摇篮。培养具有坚定理想信念和深厚人文底蕴的建设者、具有强烈社会责任感和生物医学伦理观的仁爱之士、具有坚实生物医学理论基础和精湛产品设计及工程执行能力的技术精英、具有宽广国际视野和产业发展把控能力的行业骨干、具有批判思维和创新精神并胜任国际竞争与前沿挑战的未来学科大师。

本专业以国家级研究平台和教学平台为基础,依托生物医学工程重点学科,全面推进"以学为中心"的课程建设和教学改革。深化基于智慧教室的"探究式一小班化"教学,强化全过程学业评价和非标准答案考试,提升学业挑战度,打造"金课",全面推行"本科生导师制"。

生物医学工程专业本科生获2017年全国大学生生物医学工程创新设计大赛一等奖

生物医学工程专业本科生获2017年国际基因工程机器（IGEM）大赛金奖

生物医学工程专业本科生获2019年第五届中国"互联网+"大学生创新创业大赛银奖

2016年吴子岳（2008级本科）在"国际青年研究学者奖"获奖现场演讲

专业剖析

生物医学工程是一门新兴的前沿性交叉学科。它综合生物学、医学和工程学的理论和方法，从分子、细胞、组织、器官及系统等多种层次研究生物体，特别是人体的结构、功能和其他生命现象，突出强调人类生命全周期的健康问题，并运用自然科学与工程技术手段进行干预与调控，从而变革医学诊疗模式，促进人类疾病的预防、诊断、治疗和康复等医学水平的提升，保障人类健康。

学院按一级学科对应专业，即"生物医学工程专业"招收本科生，按生物医学材料、生物医学信息与仪器、医疗器械监管科学三个专业方向进行培养。

专业核心课程：生物化学、系统解剖学、生理学、生物医学工程与人类健康、生物医学工程伦理及政策法规、生物医学统计学、生物医学系统建模与仿真、生物医学工程产品设计。

方向主干课程：

（1）生物医学材料方向：材料科学基础、材料生物学、生物材料制备与应用、生物材料评价、组织工程基础、植入器械与人工器官。

（2）医学信息与仪器方向：生物医学传感器及检测技术、医学信息系统、医学成像原理及系统、生物医学仪器及应用、医学图像处理、医学人工智能。

（3）医疗器械监管科学方向：医疗器械监管科学导论、医疗器械质量管理体系与法规、医疗器械临床试验模型与规范、NMPA医疗器械产品监管、注册法规及模拟申报。

比较优势

四川大学生物医学工程学科坚持"以人为本，有容乃大"的理念，广揽四方英才，以一流的师资推动教书育人和科学研究水平的提升，形成了以中国工程院院士为带头人，汇聚一大批优秀中青年骨干教师的教学及科研创新团队，聘有27位国际院士及客座教授。四川大学生物医学工程学科坚持以服务"健康中国"国家战略及生物医学工程产业发展重大需求为己任，充分发挥一流科研平台的优势，研究领域涵盖生物材料与植入器械、组织工程与人工器官、药物递送与控释系统、生物信息与医学仪器、医学影像与图像处理、生物材料基因工程、医疗器械监管科学等领域。近年来，承担国家"973"、"863"、重点研发项目、自然科学基金等重大、重点和面上项目100余项，先后获得国家技术发明奖、国家科技进步奖、四川省科技进步奖等科技成果奖励10余项。四川大学生物医学工程学科以立德树人为根本，坚持"知识与能力共举，理论与实践并重，医学与工程交叉"的理念，推进"精品课程教学、实践能力拓展、科学研究创新"三位一体的人才培养模式，借助一流的师资、一流的平台、一流的研究、一流的课程，为生物医学工程领域创新人才的培养奠定了坚实的基础。

生物医学工程学科国际顶尖专家
受聘四川大学仪式

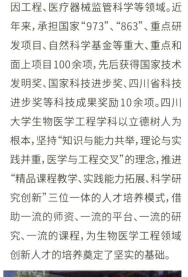

本学科承办的第九届世界生物材料大会
首次落户中国

亚太经济合作组织(APEC)批准四川大学
成立中国首个医疗器械监管卓越中心

国家自然科学二等奖、国家科技进步
二等奖和部省级科技进步奖等获奖证书

真空等离子喷涂机

飞秒激光切割机

国际化培养

学院着力拓宽本科生国际化教育途径,与美国匹兹堡大学联合招收本专业国际合作培养本科生。与英国拉夫堡大学、新加坡国立大学等建立"2+1+1"本科、"3+2"本硕联合培养项目,并在澳大利亚建立海外实习基地;选拔优秀学生参加国际会议和参加"大川视界"开设的大学生海外访学,包括哈佛大学、麻省理工学院、加州大学伯克利分校、剑桥大学、牛津大学、都柏林大学、新加坡国立大学等国际名校开设的大学生海外访学;设专项经费,多次邀请诺贝尔奖获得者、美国工程院院士、美国医学院院士、国际顶尖专家、海外名校教授来校讲学或授课,邀请国内外学术大师、知名学者来院学术交流,不断提高学生的跨文化交流能力,以拓宽学生的国际视野,有效提升本专业学生出国(境)交流率和深造率。

国(境)外深造院校

哈佛大学
加州大学伯克利分校
康奈尔大学
普渡大学
匹兹堡大学
杜克大学
克莱门森大学
牛津大学
玛利亚皇家学院
拉夫堡大学
曼切斯特大学
多伦多大学
亚琛工业大学
日本东北大学
新加坡国立大学
南洋理工大学
……

部分优秀校友

侯 旭 / 2006届本科毕业生,厦门大学教授,博士生导师,国家重点研发计划首席科学家,入选海外高端人才计划,荣获第二届全国创新争先奖。

朱 挺 / 2007届本科毕业生,2009届硕士毕业生。中南大学材料科学与工程学院特聘教授,入选2018年湖湘高层次人才聚集工程创新人才。

唐云龙 / 2008届本科毕业生,中科院沈阳金属所研究员,国家优秀青年基金获得者,2017年获中科院优秀青年学者奖,先后以第一作者身份在Science, Nature, Nat. Commun等国际著名刊物发表论文10余篇。

吴子岳 / 2008届本科毕业生,前奥泰医疗首席科学家,无锡鸣石峻致医疗科技有限公司创始人,2016年在"国际医学磁共振学会"上,荣获国际青年研究学者奖。

程 冲 / 2010届本科毕业生,2015届博士毕业生(硕博连读)。四川大学教授,博士生导师,洪堡学者,DRS Point学者,入选海外高端人才计划,入选英国皇家化学会发布的高被引中国作者榜单。

虞奇峰 / 2005届硕士毕业生,上海纽脉医疗科技有限公司董事长,万人计划创业人才,其公司专门提供二尖瓣膜微创治疗的解决方案,全国创新企业评估第三名。

王华楠 / 2007届硕士毕业生,2011届博士毕业生。大连理工大学生命科学院副院长,教授,博士生导师,美国哈佛大学博士后,入选海外高端人才计划。

曹 阳 / 2005届博士毕业生。海南琼台师范学院党委副书记、院长,"新世纪百千万人才工程"国家级人选,享受国务院政府特殊津贴专家,被评为海南省有突出贡献的优秀专家,海南省教学名师。

陈爱政 / 2007届博士毕业生。华侨大学生物材料与组织工程研究所所长、化工学院副院长、福建省科技创新团队带头人,入选福建省级人才、福建省高校新世纪优秀人才,被评为厦门市优秀教师。

刘 刚 / 2009届博士毕业生。厦门大学教授,博士生导师,国家杰出青年基金获得者,入选教育部新世纪优秀人才,福建省科技创新领军人才。

联系方式

学院网址:http://bme.scu.edu.cn/
联系电话:028-85417765
电子邮箱:bmezsb@scu.edu.cn

23 华西基础医学与法医学院
West China School of Basic Medical Sciences & Forensic Medicine, Sichuan University

学院概况

华西基础医学与法医学院发源于华西协合大学相关学科。华西协合大学是仿英国牛津大学体制、于1905年筹建的综合性大学，不仅学术起点高，而且为四川"保路运动"、抗日救亡运动、抗美援朝等做出过重要贡献。今天的华西基础医学与法医学院于2001年7月合并组建，其前身分别是原华西医科大学建院于1987年的基础医学院和建院于1999年的法医学院。本科设基础医学、法医学、法医学（法医学与法学双学士学位）专业，是国家首批理科科学研究与人才培养基地、教育部特色专业，是四川大学基础学科拔尖学生培养基地，2020年获批四川大学基础医学强基计划。学院拥有一批国家级实验教学示范中心、国家级教学团队和国家级精品课程，获得国家级、省级教学成果奖等数十项奖励。学院近年来围绕应激医学、神经退行性疾病、病原体感染、氧化还原信号调控、法医物证鉴定技术等多领域取得了突破性进展。为世界一流大学、一流学科、一流专业的建设奠定了坚实的基础。

华西第一教学楼

培养特色 ▶▶▶▶▶▶▶▶▶▶▶▶▶

形成具有华西风格的医学办学模式。基于华西协合大学高起点的国际化办学基础,经过百余年的发展,形成以严谨、勤奋、奉献为特色的华西医学办学模式。

具备多学科交叉融合的办学优势。自2000年并校后,四川大学具有12个学科门类,为培养基础医学、法医学交叉复合型创新人才奠定了坚实基础。

建成一支高水平的师资队伍。以魏于全教授等院士、国家自然科学杰出青年基金获得者等国家级人才计划学科带头人和以侯一平教授等国家级、省级教学名师为骨干的高水平师资队伍近百人。注重青年教师国际化培养,保持师资活力。

"川大模式"课堂教学改革成效显著。基于智慧教学环境的"探究式—小班化"教学、全过程学业评价和非标准答案考试改革。

我院学生开展迎新晚会

我院学生参加首届中俄大学生基础医学创新实验设计大赛

我院学生在国际生理学知识竞赛创佳绩

我院学生参加国际遗传工程机器设计竞赛(iGEM)

专业剖析

基础医学

培养目标：秉持"海纳百川"精神，致力于满足国家高等医学基础教育师资队伍和医学科学研究对高水平人才的重大需求，依托一流大学建设高校和基础医学一流建设学科，建设基础医学拔尖人才培养基地，培养终生痴迷科学、潜心基础医学研究和医学基础教育、具有家国情怀、全球竞争力的基础医学拔尖创新人才，培养物我两忘、可以改变国家和人类命运的医学科学家。

专业核心课程：人体解剖学、组织学与胚胎学、细胞生物学、生理学、生物化学、药理学、病理生理学、病理学、医学免疫学、医学微生物学、生物分子基础实验、形态学实验、机能学实验、内科学、外科学。

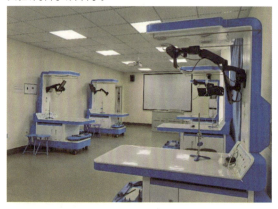

机能实验室

法医学

培养目标：依托国家重点学科，建设一流专业，培养"德才兼备、求真务实、拓展拔尖"的复合型人才，为法治社会提供专业化服务，为国家法治建设输送领军人才。

专业核心课程：法学理论、人体解剖学、病理学、内科学、外科学、刑事侦察技术、法医病理学、法医毒理学、法医临床学、法医物证学、法医精神病学、法医毒物分析。

人体解剖实验室

法医学（法医学与法学双学士学位）

培养目标：坚持以习近平新时代中国特色社会主义思想为指导，培养能主动适应中国现代化建设和法治建设的多元化需要，具有良好的政治思想品德、基本的职业责任感、充分的团队合作精神、高度的抗压心理素质、强烈的科学创新精神等基本素质，具有扎实的医学基础知识和系统的法学专业知识、良好的思维判断及分析问题的能力，为法治社会提供专业化服务，能在政法战线相关机构从事医学和法学交叉工作的复合型高端、精英人才。

专业核心课程：法理学、中国法律史、宪法、行政法与行政诉讼法、刑法学、刑事诉讼法、民法学、民事讼诉法、国际法、经济法、商法、知识产权法、环境资源法、劳动与社会保障法；人体解剖学、病理学、生物化学、内科学、外科学、法医病理学、法医毒理学、法医临床学、法医物证学、法医精神病学、法医毒物分析。

华西法医楼

比较优势

原华西协合大学是全国最早获批开设基础医学五年制本科专业的高校之一。华西基础医学源于1910年成立的原华西协合大学医学教育,1999年开始招收本科生,2008年获批国家理科基础科学和教学人才培养基地,2017年获批国家"双一流"建设学科,2019年入选学校拔尖计划2.0,2020年获批国家"强基计划"。

华西法医学自1953年创建以来,发展的每一步都走在我国前列。在1979年率先招收本科生后,1986年、1990年分别获硕士、博士学位授予权,1998年获批"211"重点学科,2007年获国家重点学科、教育部特色专业。2006年,作为教育部教学指导委员会主任委员单位,引领法医专业教育事业发展。拥有国家级法医教学团队以及我国唯一的法医国家级教学名师。2019年,入选国家级一流本科专业建设点。

近五年来,承担包括国家科技部重大科学研究计划("973计划")项目,国家自然科学基金委员会创新研究群体项目、重大项目、重点项目等国家级纵向科研项目92项;省部级科研项目40余项。科研团队在国际主流学术期刊发表论文300余篇,其中影响因子大于5(IF>5)的论文有240余篇,影响因子大于10(IF>10)的论文有90余篇,被引用1万余次。学科排名靠前,研究水平高超。

澳大利亚墨尔本大学Ashley Bush院士走进华西坝院士大讲堂

刘德培院士走进华西坝院士大讲堂

我院连续三年举办国际应激医学前沿论坛

国际化培养 〉〉〉〉〉〉〉〉〉〉〉

打造双向交流平台,保证学生高水平国际化交流全覆盖,校—院两级资助比例达90%,提高学生国际竞争力。

"请进来"——邀请国际知名专家学者开展学术报告及课程。每年邀请国内外院士走进"华西坝院士大讲堂"、百余名知名专家进入"名师大讲堂",每年举办"国际应激医学前沿论坛"等四大国际学术论坛,邀请世界一流名校高端外教开设高水平国际课程(UIP),持续打造一流的国际学术交流平台。

"走出去"——全额资助学生参加"大川视界"、国际学术会议和赴海外国际一流高校开展科研实习以及赴国际知名高校开展课程学习。现已与德国国家癌症研究中心/海德堡大学临床协作中心、波士顿大学医学院黑色素瘤中心等国外一流大学、顶尖研究机构达成共识,签署合作协议;并不断拓展广大海外校友丰富资源,建立更多、更广的国际人才培养平台,全面提升学生国际沟通与交往能力。

毕业去向 〉〉〉〉〉〉〉〉〉〉〉

国(境)外深造院校

哈佛大学
牛津大学
卡罗林斯卡医学院
明尼苏达大学
……

主要就业方向

基础医学专业就业方向:绝大部分以深造为主,就业以医学院校、教学医院、科研院所及有关公司企业等单位从事基础医学教学和科学研究工作,如协和医学院、北京大学朝阳医院、强生集团有限公司、通用电气公司等。

法医学专业就业方向:各级公安、检察、法院等部门及所属机构,医学院校、警察学校等单位从事法医学鉴定、科学研究、教学等方面的工作,各类法医学鉴定机构、保险公司等从事鉴定等工作,如四川省公安厅、北京市公安局、司法鉴定科学研究院、中国政法大学证据科学研究院等。

法医学(法医学与法学双学士学位)专业就业方向:政法机构、律师事务所、司法鉴定所等多领域进行交叉工作。

我院学生与海外学子参加国际课程周

我院学生前往亚利桑那州立大学开展访学项目

部分优秀校友

刘志勇
2003届本科毕业生，2006届硕士毕业生，中国科学院上海生命科学研究院神经科学研究所课题组组长，研究员，博士生导师。获英国royal society 牛顿高级奖学金。在Science杂志发表论文1篇。

田雪梅
1991届本科毕业生，物证鉴定中心法医病理损伤鉴定处副处长（正处级），主任法医师，三级警监，中共十九大代表。

贺雪莲
2014届博士毕业生，在Nature Medicine上发表论文1篇。

杨文星
首届基础医学专业本科毕业生，现为四川大学华西基础医学与法医学院特聘副研究员，美国遗传学会会员，《转化医学电子杂志》国际编委，多家国际学术杂志审稿人，在Neuron等知名杂志上发表多篇文章。

沈奇骢
2013届本科生，发表多篇SCI论文，其中以第一作者身份在Nature杂志上发表文章1篇。

姜怡邓
2008届博士毕业生，现任宁夏医科大学基础医学院常务副院长，宁夏生物分子检测学会常务理事、秘书长、宁夏检验医学研究所副所长。曾获宁夏自治区科学技术进步二等奖。主持三项国家自然科学基金及多项地区基金，发表多篇SCI论文。

祝秉东
2004届博士毕业生，现任兰州大学结核病研究中心常务副主任，主持"863项目"1项、国家科技重大研究专项3项、国家自然科学基金1项，发表SCI论文10多篇。

闫红涛
2007届博士毕业生，郑州大学医学科学院副院长，郑州大学医学院法医学教研室主任，主要从事法医病理学教学与研究。

刘建余
2009届博士毕业生，任海思科药业集团新药筛选部经理，完成1.1类新药HSK3486的发现和临床前开发、临床申报及临床试验；荣获海思科药业集团2014年"十大优秀管理者"称号。

蔡继峰
2005届博士毕业生，中南大学基础医学院副院长兼法医学系及湘雅司法鉴定中心主任，法医学系学科带头人。2007年被评为湖南省优秀青年骨干教师。2009—2010年度被司法部评为全国司法鉴定先进个人。

梅妍
1984届本科毕业生，云南省第一人民医院副院长，主任医师，先后5次获省级科技进步奖，在造福边疆患者方面做出了显著贡献，赴缅甸仰光开展"光明行"公益活动，赴苏丹开展"中苏友好光明行"活动。

应斌武
2005届博士毕业生，四川大学华西医院实验医学科副主任，负责中国人群群体遗传学研究和从事短串联重复多态性（STR）的复合扩增的试剂盒的国产化研究，拥有国家授权专利5项，获得求是奖学金。

陈德智
2007届本科毕业生，荣获成都市"抗震救灾"三八红旗手称号、四川省"抗震救灾"五一劳动奖章、四川省劳动模范荣誉奖章，被评为成都市公安局十佳技术标兵，记个人三等功1次。

韩秀引
2004届硕士毕业生，曾任复旦大学上海医学院青年教师联谊会常务副会长、上海医学院学工组长，获得全国高校辅导员年度人物、上海市高校辅导员年度人物、复旦大学青年五四奖章，现任复旦大学基础医学院党委副书记。

石蓉
1992届本科毕业生，全国人大代表，贵阳市刑侦支队副支队长，荣立个人一等功1次、三等功2次，先后获得"全国优秀人民警察""全国巾帼建功标兵"光荣称号。

陈乐创
2010届本科毕业生，凯斯西储大学生物科学系副研究员，索伦医疗科技联合创始人。

吴敬杰
2006届博士毕业生，在贵州警察学院司法鉴定中心担任政委，获得公安部教学成果一等奖，贵州省教学成果二等奖。

李伟广
2006届本科毕业生，上海交通大学基础医学院生理学教授。

金吉
2005届本科毕业生，温岭市公安局刑事科学技术室副主任，获得"浙江省劳动模范"荣誉称号。

屈波
2005届本科毕业生，成都市公安局新都区分局技术室主任，获得四川省五一劳动奖章。

任文俊
2012届本科毕业生，获得云南省五一劳动奖章和云南青年五四奖章。

安宇然
2012届本科毕业生，担任六盘水公安局刑事技术处副处长，荣立公安个人一等功。

苏海军
2007届本科毕业生，内江市公安局民警，获得"四川省优秀人民警察"称号。

张海军
2007届博士毕业生，四川省公安厅副处长。

邓建强
2005届博士毕业生，获司法部全国十大"最美司法鉴定人"称号。

贾振军
2005届硕士毕业生，中国人民公安大学副院长。

王磊
2010届硕士毕业生，郑州市公安局刑科所副所长，郑州市政协委员，公安部DNA特长专家，全国百佳刑警，一等功获得者。

联系方式

学院网址：http://jcfy.scu.edu.cn/index.htm
联系电话：028-85501999
电子邮箱：jfjxk501@163.com
微信公众号：四川大学华西基础医学院与法医学院

24 华西临床医学院(华西医院)
West China School of Medicine / West China Hospital, Sichuan University

学院概况

百年华西,世纪名院。华西医学教育起源于美国、加拿大、英国等国的基督教会于1892年和1914年在成都创建的仁济/存仁医院及华西协合大学医科,是按西方医学教育模式建立的医学院,是中国著名的高等医学学府之一,有完整的在校教育、毕业后教育和继续医学教育体系。临床医学专业是首批国家级特色专业、国家级一流专业建设点,临床医学学科ESI排名全球前1‰,在全国首批试办临床医学七年制、八年制;护理学专业是教育部国家级特色专业,"双一流"建设学科;医学技术专业创办于1997年,是国内"双一流"大学中最早开办的,下设医学影像技术、医学影像技术(放射治疗技术方向)、医学影像技术(超声医学技术方向)、医学检验技术、康复治疗学、呼吸治疗专业、听力与言语康复专业和眼视光专业。先后获得多项国家级教学成果奖。院士、长江学者等顶尖师资云集。学校教育坚持立德树人,为健康中国培养卓越医学领军人才。

优美的学习环境

欢乐活泼的课堂

医学生宣誓

培养特色 ❯❯❯❯❯❯❯❯❯❯❯❯❯❯❯❯❯❯❯❯❯❯❯❯

　　学院拥有深厚的文化底蕴，德才并重的课程体系，采取"系科合一"的办学模式，所有教师均来自临床一线，保证学习内容紧密结合医学的实践和发展。"以学生为中心"实施全课程"核心价值观"教育，构建全员育人、全程育人和全方位育人体系。实行"院院合一"的特色教学组织架构，创立学生"本科一硕士一博士+未来职业教育"的终身教育体系。优选师资，以科技与教学共促模式，实行"本科生导师制"对学生开展临床实践、科研训练、论文指导。开展以素质教育为先、岗位胜任力为重的本科医学人才培养模式，培养的学生以理论扎实、实践过硬、视野开阔、科研素养高闻名。

医学生临床技能大赛

医学模拟教学训练

小班授课

专业剖析

临床医学五年制

培养具有医学岗位胜任力的高级医学专门人才。合格毕业生能适应医药卫生事业发展需求，具备良好的人文素养和职业操守；掌握临床医学及相关学科的基础知识和科学方法，具有基本临床实践能力，能为个体和群体健康承担相应责任；具有终身学习能力、创新意识、发展潜力和国际视野，为本科毕业后继续深造打下坚实基础。合格毕业生获医学学士学位。

临床医学八年制

培养能胜任医学岗位的拔尖创新医学人才。合格毕业生具有深厚的人文底蕴、优良的职业素养、扎实的专业知识、熟练的临床技能、强烈的创新意识、宽广的国际视野，具有促进医学科学发展、健康与社会发展的责任感和使命感，具备栋梁型、领导型人才素质及成长潜质。合格毕业生先后可获得医学学士学位、医学博士学位。

护理学

推行跨学科教育，加快培养适应社会需求的、拥有跨学科思维的复合型创新护理人才；采用早期接触临床、早期接触科研、早期接触社会、早期开展社会服务的课程体系，培养护理学生对职业的敬畏和自豪感；推动护理学本科教育与临床护士规范化培养、护理学硕士、博士培养制度的有效衔接，以服务国家战略需求为导向，以"优雅、智慧、大气、厚重"为人才培养底色，培养具有护理学和"护理+"多学科融合思维，运用科学思维发现新问题、运用科学方法解决护理问题的复合型人才。

医学影像技术

下设医学影像技术、放射治疗技术方向和超声医学技术方向。本专业学生主要学习相关的基础医学、临床医学、影像技术、放射治疗技术的基本知识和基本技能。掌握现代成像技术的基本原理，掌握各种影像采集设备（MRI、CT、DSA、DR、CR等）的操作和应用，掌握各种图像后处理技术。毕业时成为具有较好的专业教学能力，一定的影像技术研究能力和管理能力的现代影像技术人才。核心课程包括医学影像成像原理、影像检查技术、现代成像技术、肿瘤放射治疗物理学基础、肿瘤放射治疗技术、医学超声物理基础等。

医学检验技术

华西医学检验技术专业拥有完善的医学检验资源和科研设施，培养涵盖本科、硕士、博士学位以及博士后的医学检验专业，也是中国第一家开展检验住院医师和住院技师培训的基地。专业核心课程包括临床免疫学技术、临床血液学技术、临床生物化学技术、临床微生物学技术、临床输血检验技术、临床分子诊断技术。师资队伍为优秀医疗、技术人员，有30多人次担任人民卫生出版社、高等教育出版社五年制、四年制规划教材的编制工作。

康复治疗学

以分方向专业化和国际化教学为特色进行人才培养。专业按照国际标准设置课程，三个亚专业全部通过国际认证。目前主要开设作业治疗和物理治疗两个方向，是康复治疗的核心学科，学生主要学习基础医学、临床医学、康复医学、物理治疗/作业治疗知识，主要服务对象涵盖生命全周期，涉及躯体功能障碍和精神心理功能障碍领域。该专业自成立以来，为我国培养了大量的高素质康复治疗专业人才，毕业生已经成为康复治疗领域的临床骨干和教学师资，

为广大民众提供高质量的康复服务。

呼吸治疗

旨在培养对心肺不全患者进行有效的心肺功能监测、评估和治疗。培养以科学发展观为指导，以医学发展及社会、经济发展对呼吸治疗学人才的要求为导向，致力于培养掌握基础医学、临床医学的基本知识和呼吸治疗的基本技能，能在医院危重症监护治疗病房（ICU）、呼吸科等从事机构通气、危重症监护的高级技术应用型专门人才。以高水平、高素质呼吸治疗人才为办学定位思想来培养具有国际标准的呼吸治疗师。

听力与言语康复学

专业涉及医学、康复医学、声学、电子技术、计算机技术、教育学、心理学和社会学等多学科技术在康复中的综合应用。致力解决社会日益突显的新生儿先天性听力问题与老龄化人群中普遍存在的听力障碍，以及普通人群中发病率较高的听力损失。注重"通识教育与专业教育相融合""理论学习与专业实践并重"。整合优质资源，加强专业课程国际化，开拓了校外同级别医疗单位实习基地和企业实习基地，培养专业实用性人才。

眼视光学

致力于培养具有深厚的人文底蕴、扎实的基础医学和专业理论知识、熟练的临床技能、宽广的国际视野和强烈的创业创新意识，坚持采用"精英式小班化"，培养能独立从事初级眼保健，诊断、处理视觉系统疾病和功能异常以及相关全身性疾病，能够从事眼睛和视觉保健和视觉科学研究的眼视光师；或在医疗机构中辅助、配合眼科医师完成眼病的诊治，并独立从事视功能康复的从业人员。

比较优势

M.D临床医学八年制的医学博士们

魏于全院士正在指导研究生

全国模范教师步宏教授实施翻转课堂

国家级教学名师李甘地教授与留学生讨论

以问题为导向的PBL教学课堂

SCU-West China 团队参加2017年国际基因工程机器竞赛获金奖

第十一届"挑战杯"大学生创业计划竞赛取得突出成绩

一流教学理念方法：首创中国"临床流行病学"学科，率先在国内研究创建"医学毕业生胜任特征模型"并持续优化整合课程体系；率先开展"移动医学教育"研究并推动现代教育技术与教学、教学管理的深度融合。

一流课程建设成果：上百门次医学专业相关课程成为国家级课程建设项目或在国家级课程平台上线授课，优质教学资源辐射全国、影响世界。

一流实践教学平台：具有国家级实验教学示范中心、国家级虚拟仿真实验教学中心、国家双创示范基地、国家医师资格考试基地、国家及省部级研究平台及重点实验室39个，为培养医学人才提供一流软硬件保障。

一流师资立德树人：有在职高级职称专家1010人，拥有国家级教学团队、国家级教学名师、两院院士、"973"首席科学家、国家杰出青年科学基金获得者、高端引进人才及博士生导师和硕士生导师组成的教学团队，为全国唯一入选"三全育人综合改革试点建设院系"的临床医学院。

一流学科支撑教学：华西医院是首批国家临床教学培训示范中心，有国家卫生计生委国家临床重点专科32个，数量名列全国医院第一；在复旦大学中国最佳专科声誉和最佳医院排行榜上名列全国第二；"中国医院科技影响力排行榜"排名全国第一；在*Nature Index*发布的排行榜名列全球第24位，中国第一位。在全国"'互联网+'大学生创新创业大赛"中5届共获8项金奖，名列全国医学院校榜首。

国际化培养 ≫≫≫≫≫≫

学院积极拓展国际交流与高端合作,建设国际交流平台。近年来,同美国哈佛大学麻省总医院、梅奥医学中心、纽约长老会医院、加州大学洛杉矶分校、托马斯杰弗逊大学,英国伦敦国王学院、牛津大学圣爱德蒙学院、爱丁堡大学,加拿大西安大略大学、澳大利亚格里菲斯大学、西澳大学等30余家国际知名院校建立了长期稳定的合作关系。邀请耶鲁大学、约翰·霍普金斯大学、匹兹堡大学、东京大学、仁济大学、香港理工大学、波士顿学院、国际护士会、英国公共卫生部等高校、机构专家来访交流、讲座。学院承办"国际课程周"、暑期大学生国际交流营等活动,开设外教全英文课程和校外专家课,每名本科学生均有3次以上申请学院资助赴外交流学习的机会。

国际交流营——文艺汇演

2018年国际交流营

留学生课程中的"角色扮演"教学法

主要就业方向

学院各专业毕业生主要面向各类医疗卫生机构、教育机构、科研机构等，从事临床医学、卫生管理、科技研发等工作。毕业生以"视野宽、素质高、能力强"的特点深受招生单位和用人单位青睐。绝大多数学生选择继续攻读研究生。就业单位主要集中于全国各大综合型三甲医院、高等教育机构、国家级科研单位及国际卫生组织。

部分优秀校友

魏于全

中国科学院院士，医学博士，肿瘤治疗及肿瘤免疫学家，四川大学教授、博士生导师，国家科技部重点基础研究"973"首席科学家，国家自然科学基金创新研究群体负责人，国家新药评审委员会评审专家，国家综合性新药研究开发技术大平台负责人。主要从事肿瘤的生物治疗的基础研究、关键技术开发、产品研发及临床治疗等，有关肿瘤微环境、免疫治疗、基因治疗与靶向药物等，相关研究结果已在多种国际杂志上发表SCI论文300多篇。发现了阻断Hsp70表达，可诱导癌细胞凋亡。

郑树森

中国工程院院士，医学博士，肝胆外科/肝移植专家，法国国家医学科学院外籍院士，浙江大学外科学教授、博士生导师，肝胆胰外科主任、主任医师，卫生部多器官联合移植研究重点实验室主任，国家级有突出贡献的中青年专家，全国先进工作者，全国优秀留学回国人员。主要从事器官移植和肝胆胰外科领域研究，在国际上首次提出肝癌肝移植受者选择的"杭州标准"及移植后乙肝复发防治新方案。

陆林

中国科学院院士，医学博士，精神疾病科专家，北京大学第六医院院长，北京大学精神卫生研究所所长，博士生导师，国家自然科学基金委创新群体负责人和"973"项目首席科学家。主要从事精神心理疾病的临床诊疗技术和发病机制研究。在病理性记忆的神经机制和干预、精神心理疾病治疗新方法及睡眠医学领域开展了系统性和原创性的研究工作；提出了干预病理性记忆的新模式、成瘾防复吸治疗的新理念和快速抗抑郁治疗的新假说，开辟了在睡眠中治疗精神心理疾病的新方法，对于精神心理疾病的防治具有重要理论意义和应用价值。

联系方式

学院网址：www.wchscu.cn
联系电话：028-85422140
电子邮箱：26243403@qq.com
微信公众号：WestChina_Hospital

25 华西口腔医学院（华西口腔医院）
West China School / Hospital of Stomatology, Sichuan University

学院概况 》》》》》》》》》》》》》》》》》》》

　　四川大学华西口腔医学院创始于1907年，是中国现代高等口腔医学教育的发源地和摇篮。经过百余年的建设积累，华西口腔医学院已成为全国口腔医学类专业办学规模最大、综合实力最强的学院。在教育部全国高校一级学科评估中，连续四次（20年）荣列口腔医学第一名，2017年入选教育部"双一流"建设高校及建设学科名单，2018年全国首次一流学科专业学位水平评估荣列A+，"软科世界一流学科排名"中国内地大学排名第一。华西口腔医院是中国第一个口腔专科医院，是国家首批三级甲等口腔专科医院、国家口腔疾病临床医学研究中心，拥有8个国家临床重点专科，实现了主要临床科室国家临床重点专科全覆盖。华西口腔医学院（华西口腔医院）坚持"医、教、研"三位一体的现代管理模式，已发展成为国际知名的口腔医（学）院。

　　学院开设口腔医学（5年制、8年制）、口腔医学技术专业，均为一流专业建设点。2020年新增口腔医学技术（口腔数字化技术双学士学位）专业。在人才培养中，学院坚持"全面素质为基础、专业技能为中心、创新能力培养为核心"的办学方针，以人才培养、科学研究、社会服务、文化传承与创新为己任，秉承"选英才、高标准、严要求、强能力"的人才培养理念，以人文素养核心价值观教育、创新创业教育、华西特色的三阶式实践教学培养体系和国际化教育

为基础，着力培养具有核心胜任力和国际竞争力的卓越口腔医学/口腔医学技术人才。

华西口腔健康教育博物馆

中国口腔医学博物馆

培养特色 ⟫⟫⟫⟫⟫⟫⟫⟫⟫⟫⟫⟫⟫⟫⟫⟫⟫

在A+学科平台强力支撑下,在口腔医学本科生人才培养中不断研究并改进人才培养体系,聚合优势资源,培养具有临床实践能力、自主学习能力、科学研究能力、职业发展能力、团队合作能力和沟通交流能力的具备核心胜任力的口腔医学本科生。依托1个平台——国家级实验教学示范中心,突出3个抓手——"人文素质核心价值观教育""三阶式实践教学培养体系""早期创新创业训练基地",孵育N个"双创"人才培养第二课堂实践品牌活动,形成"1+3+N"的多维度口腔"双创"人才培养新模式。以培养口腔医学生医者仁心,大爱精神为前提,提升学生的核心竞争力,提高口腔医学人才培养质量。新模式点对点击破目前口腔医学教育中的突出问题,树立了符合国家需求、适应新形势的口腔医学创新创业人才培养标杆,取得了丰硕的成果。

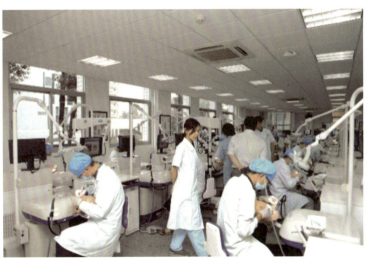

实验室

实验室

文化交流

文体活动

专业剖析 ▷▷▷▷▷▷▷▷▷▷▷▷▷▷▷▷▷▷▷▷

口腔医学（五年制）

培养能够适应医学发展和社会需要，具有高尚的思想道德品质、良好的人文素质、较强的创新意识和岗位胜任力以及团队精神，具备医学基础理论、临床医学知识、一定的教学和科研能力，掌握口腔医学的基本理论和临床实践技能，从事口腔常见病、多发病诊治和预防工作，具备良好的继续教育基础和终身学习意识的口腔医学专门人才。

核心课程有口腔解剖生理学、口腔组织病理学、牙体牙髓病学、牙周病学、口腔黏膜病学、口腔颌面外科学、口腔修复学、口腔正畸学。毕业可获得口腔医学学士学位。

临床医学（口腔/八年制）

培养能够适应医学发展和社会需要，具有高尚的思想道德品质、优良的人文素质、强烈的创新意识和团队精神，较广泛的社会科学知识，较宽厚的自然科学基础知识，掌握口腔医学及亚专业的专业知识基础和临床实践技能，具备较强的解决口腔医学实际问题的能力、教学能力和终身学习能力，具有敏锐科研思维、较大发展潜力和国际竞争力的高级口腔医学专门人才。毕业可获得口腔医学学士学位、口腔医学博士学位。

核心课程有口腔解剖生理学、口腔组织病理学、牙体牙髓病学、牙周病学、口腔黏膜病学、口腔颌面外科学、口腔修复学、口腔正畸学、牙拾学、口腔材料学、口腔颌面影像诊断学及相关研究生专业课程。

口腔医学技术

培养具有基础医学基本理论和临床医学知识，具备基础医学、材料学、艺术美术、制造学、信息学、管理学、口腔医学基础、口腔修复工艺学知识和技能，能在医疗卫生机构、大专院校及口腔医疗企业从事专业教育、口腔产品制造及管理的复合型高级专业人才。毕业可获得理学学士学位。

核心课程有口腔解剖生理学、口腔材料学、口腔临床医学、口腔修复学、固定义齿工艺学、可摘局部义齿工艺学、全口义齿工艺学、活动矫治器工艺学、种植义齿工艺学。

口腔医学技术（口腔数字化技术双学士学位）

实施"口腔医学技术+信息技术"跨学科双学士双学位培养模式，培养具有基础医学基本理论和临床医学知识，既能掌握各类口腔修复体制作工艺的流程，又能掌握在口腔医学中结合计算领域知识，进行口腔医学相关软件的应用和研发，并能运用数字化技术进行模拟分析、产品设计和制作的复合型高级专业人才。毕业可获得理学和工学学士学位。

核心课程有可摘局部义齿工艺学、固定义齿工艺学、活动矫治器工艺学、种植义齿工艺学、全口义齿工艺学、牙拾学、口腔修复工艺质量管理学、程序设计基础、计算机系统导论、面向对象程序设计导论、数据结构与算法、计算机组成和体系结构、操作系统和系统编程、数据库系统和信息管理、软件工程导论、计算机网络和分布式系统。

比较优势 》》》》》》》》》》》》》》》》》》》》

一流的学科基础

学院拥有口腔医学一级学科国家重点学科、口腔临床医学和口腔基础医学二级学科国家重点学科。口腔医学学科是教育部"双一流"建设学科，在最新一轮学科评估和全国首次专业学位水平评估中华西口腔医学荣列A+。

一流的思想引领

坚持"育人为本、德育为先"，充分发挥学科优势，构建具有学科特色的"八位一体"全员育人体系，精心打造"课程思政"榜样课程，将社会主义核心价值观教育贯穿学生培养全过程。荣获"青春伴夕阳"全国高校实践大赛一等奖，4次荣获四川大学"德渥群芳"育人文化建设标兵团队。

一流的师资队伍

拥有国家级教学团队，由国家教学名师、教育部长江学者特聘教授、国家杰出青年基金获得者等高水平师资领衔开展教学活动，连续三届作为教育部高等学校口腔医学类专业教学指导委员会主任委员单位，始终引领全国口腔医学教育教学事业发展。多次荣获国家级教学成果奖、全国教育系统先进集体、教育部科技创新团队等称号。

一流的教学平台

拥有国家级实验教学示范中心和国家级虚拟仿真实验教学中心高水平教学平台，以及国家首批双创示范基地等国家级创新创业平台，配备高水平人才担任本科生创新班导师，全面提升学生核心胜任力和双创力（创新创业）。本科生在国际基因工程机器大赛（iGEM）、京都大学生国际创业大赛、

"互联网+"大赛、全国根管治疗大赛、口腔种植病例大奖赛中荣获金奖。

一流的临床实践平台

四川大学华西口腔医院是中国第一个口腔专科医院，是国家部署在中国西部的口腔疾病诊疗中心、国家药物临床试验机构、国家医师资格考试实践技能考试与考官培训基地（口腔类别）、国家住院医师规范化培训基地，是国家首批三级甲等口腔专科医院、国家口腔疾病临床医学研究中心，实现了主要临床科室国家临床重点专科全覆盖，为学生的临床实践提供强力支撑。

一流的科研训练平台

学院拥有全国唯一的口腔疾病研究国家重点实验室，以及口腔再生医学国家地方联合工程实验室、国际联合研究中心和国家口腔疾病临床医学研究中心等4个国家级科研平台。连续六年获得中国医院科技量值（STEM）口腔医学第一名，利用"大学生科研训练计划"等项目高起点开启学生学术生涯，为学生提升科学研究素养及进一步深造奠定坚实基础。

一流的人文素养平台

中国口腔医学博物馆、华西口腔健康教育博物馆（四川省、成都市优秀科普基地）、《中国口腔医学信息》学生采编部、华西口腔校友长廊等独具特色的医学生人文素养涵育平台，将人文素养提升融入医学生人才培养的全过程，为培养具有高尚人格和道德情操、高度社会责任感的新时代优秀口腔医学生提供优秀的人文环境。

名师交流·ACTA

名师交流·斯坦福

操作技能大赛

操作技能大赛

学生实验室操作

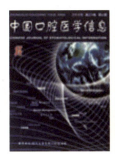

国际化培养/国际交流/科研实践 ⟫⟫⟫⟫⟫⟫⟫⟫⟫⟫⟫⟫⟫

学院通过多种途径提升学生国际竞争力：通过与日本大阪齿科大学开展口腔医学技术双学位培养拓展国际化教育内涵；每年组织"国际课程周"活动，邀请国外知名大学高端外籍教师为本科生开设课程，接待来自美国、日本、荷兰、英国、泰国、缅甸等国家的国际交流生与我院本科生一起学习，拓展学生的国际化视野；通过招收韩国、美国、新加坡、马来西亚、孟加拉等国的本科留学生，在践行国家"一带一路"政策的同时，有效推进我院国际化办学水平；依托"大川视界""樱花科技计划"等项目组织学生赴美国太平洋大学、美国斯坦福大学、美国加州大学旧金山分校（UCSF）、英国卡迪夫大学、日本大阪齿科大学、荷兰阿姆斯特丹牙科学术中心（ACTA）等世界著名牙学院进行访问学习，不断拓展学生的国际视野；学院鼓励本科生积级参加国际学术会议交流和竞赛，在锻炼学生能力的同时提升学院国际学术影响力。

国际营交流

国际交流·大阪齿科大学

国际交流·斯坦福大学

国际营交流

国际交流·太平洋大学

毕业去向 》》》》》》》》》》

国（境）外深造院校

哈佛大学
斯坦福大学
加州大学旧金山分校（UCSF）
加州大学洛杉矶分校（UCLA）
阿姆斯特丹牙科学术中心（ACTA）
玛丽女王大学（QM）
大阪齿科大学
......

主要就业方向/就业单位

　　口腔医学专业的毕业生可在国内口腔医学院、口腔医院、口腔医学科研院所、综合医院口腔科、医药企业、口腔医疗保健企业、卫生行政部门等单位从事口腔医学的医疗、教学、科研工作，也可进一步在国内外大学牙学院或科研机构深造。

　　口腔医学技术专业的毕业生可在国内口腔医学高校、口腔专科医院从事口腔医学技术的教学、科研及临床工作，在口腔设备研发及生产机构从事口腔数字化软件及硬件的开发与应用，在义齿加工企业从事技术及管理工作，也可在相关医疗器械材料公司从事技术支持、商业营销等工作。

部分优秀校友 》》》》》》》》》》

　　自林则博士创办华西口腔百余年来，华西口腔作为中国现代口腔医学教育的发源地和摇篮，不仅造就了邹海帆、王巧璋、宋儒耀、夏良才、陈华、席应忠、毛燮均等新中国口腔医学事业的开拓者，产生了以口腔医学领域首位中国工程院院士邱蔚六为代表的中国口腔医学事业的中流砥柱，还为中国口腔医学事业培养了一大批享誉海内外的口腔医学家、口腔医学教育家和口腔医学创业精英。他们中有斯坦福大学、密歇根大学、英属哥伦比亚大学、香港大学等世界知名大学牙学院的教授，有国内知名口腔医学院（口腔医院）院长，也有福布斯亚洲版"30位30岁以下创业者"榜首。

教育部党组书记、部长陈宝生参观华西口腔实验室

联系方式

学院网址：http://www.hxkq.org/
联 系 电 话：19949479808/ 19141292339
电 子 邮 箱：hxkqjb@126.com
微信公众号：四川大学华西口腔医院

26 华西公共卫生学院(华西第四医院)
West China School of Public Health, Sichuan University

学院概况

华西公共卫生学院是中国最著名的公共卫生学院之一,其百余年历史可追溯到1914年在华西协合大学医学院建立的公共卫生学课程组。我院已故陈志潜教授是享誉世界的公共卫生学专家、初级卫生保健先驱、农村三级卫生保健网创建者、中国现代健康教育奠基人,被誉为"中国公共卫生之父"。我院还是全国唯一拥有附属三甲医院(华西第四医院)的公共卫生学院,集教学、科研、医疗、预防、保健、干部培训和高科技开发为一体;有公共卫生与预防医学博士后流动站、7个博士点、12个硕士点;所主办的《现代预防医学》杂志为北大中文核心期刊和中国科技论文统计源期刊。

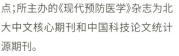

培养特色

坚持"扎根西部、强化特色、创新引领、世界一流"的理念,大力建设具有中国特色、川大风格的世界一流大学,调整学科和专业布局,优化整合资源,致力于培养学术精英和行业领袖。2018年以来,学院以社会需求为导向,实施"预防医学+医院感染管理创新班建设",实施"跨学科专业一贯通式"人才培养。

在强调专业教育的同时,学院落实班主任与导师制,设立"教授开放日",多渠道打通师生交流屏障,引导学生树立社会责任感与大局观,在新冠疫情、抗震救灾、"非典"、禽流感、艾滋病防治以及支援非洲抗击埃博拉疫情的工作中都不乏华西公卫学子的身影。学院十分重视学生专业实践能力的培养,成果斐然,曾获得2018年首届全国大学生公共卫生综合技能大赛第一名,荣获大赛唯一特等奖;获得2019年第二届全国大学生公共卫生综合知识与技能大赛初赛全国第一、决赛一等奖。

实验教学情况

全国大学生公共卫生综合技能大赛获奖现场

专业剖析

预防医学

预防医学是通过有组织的社会努力来预防疾病、延长寿命、促进健康和提高效益的科学和艺术。该专业学制五年，医学学位，运用生物学、基础医学、临床医学、统计学和流行病学以及社会学等多学科知识和方法，研究人类健康的相关问题，提出干预措施并制定政策，实现预防疾病、促进人群健康的目标。核心课程包括流行病学、卫生统计学、环境卫生学、职业卫生与职业医学、营养与食品卫生学、儿少卫生与妇幼保健学、健康教育学、社会医学、卫生微生物学、卫生毒理学、卫生事业管理等。

卫生检验与检疫

卫生检验与检疫是守卫人类生命健康的眼睛，以最先进的检验技术和研究手段，为人类健康护航。该专业学制四年，理学学位。该专业以培养高素质、创新思维、综合能力强，具有一定医学背景，熟悉预防医学，具备扎实的卫生检验学理论知识和技能，能在国际国内卫生检验检疫领域发挥行业引领作用的复合型领军人才为目标。核心课程包括分子生物学检验技术、卫生微生物学、分析化学、免疫学检验、水质理化检验、细菌学检验、病毒学检验、食品理化检验、生物材料检验、空气理化检验等。

食品卫生与营养学

食品卫生与营养学是研究食物、营养与人类生命维护和健康促进关系的学科。该专业学制四年，理学学位，以全球健康、现代营养理念为指导，以建设国家一流本科、一流专业为目标，实施精英教育。培养具备基础医学、临床医学及预防医学知识背景，掌握扎实的营养学、食品科学和食品卫生学专业理论知识和技能，具有创新思维和国际视野，能适应公共营养、人群营养、临床营养、食品安全监督管理及营养食品研发等领域工作能力的复合型高级专门人才。核心课程包括基础营养学、公共营养学、特殊人群营养、临床营养学、食品科学、食品卫生学、膳食制备与餐饮管理、食品安全监督管理等。

学院毕业典礼

比较优势

我院在《2019—2020年中国大学及学科专业评价报告》中的中国大学本科教育分专业类竞争力排行榜公共卫生与预防医学类中位列第二；卫生检验与检疫专业排名第一，食品卫生与营养学专业排名第二。

我院预防医学专业2019年被教育部认定为国家级"一流本科专业建设点"，办学积淀浓厚，学科建制齐全。我院是我国卫生检验专业的发源地，是国家卫生检验专业委员会主任委员单位，牵头卫生检验与检疫专业国家卫生和计划生育委员会"十二五"规划教材编写，引领卫生检验与检疫学科专业的发展。我院食品卫生与营养学专业依托教育部"营养与食品卫生学"国家重点学科的科研学术平台和专业教学优势，牵头组织编写专业系列教材，引领专业教学发展，实现精英教育。

学院专业师资力量雄厚，教授年授课率达100%；硬件教学条件优良，拥有集科、教、研于一体的公共卫生与预防医学实验中心，面向全体师生开放。同时，学院社会教学资源丰富，目前与四川省疾病预防控制中心、河南省疾病预防控制中心、北京市疾病预防控制中心、深圳市疾病预防控制中心、四川大学华西医院/华西第四医院、四川省人民医院、四川省妇幼保健院、四川省食品药品检验检测院、四川国际旅行卫生保健中心、成都海关技术中心、第三方检测机构等30余家单位合作建立了教学实践基地，遍布省内及全国各地。为同学们在实践中学习专业操作技能，熟悉基本专业工作的规范与流程，提高实际工作中发现问题与解决问题的能力创造了良好的条件。

我院学生参加亚太地区公共卫生学术联盟大会

计算机教学科研模拟实验室

公共卫生与预防医学医学实验中心综合技能训练室

国际交流 ⟫⟫⟫⟫⟫

学院与公共卫生领域国际一流大学建立了长期合作关系,如哈佛大学、伦敦卫生与热带病医学院等;拥有两个海外实训基地;设有"华西公共卫生学院优秀学生交流基金项目",资助学生出国学习、交流;每年邀请世界一流大学/研究机构学者前往我校为本科学生开课,并组织国际交流营,加强中外学生交流互动。2019年学院共派出学生出国(境)交流113人次,出访的国家和地区包括美国、加拿大、新加坡、日本、瑞士、澳大利亚、丹麦、波兰、俄罗斯、印度尼西亚、泰国、中国香港等。

我院学生海外(美国)实训基地合影

学生国际交流

中外师生来访交流合影

毕业去向 ⟫⟫⟫⟫⟫

国(境)外深造院校

哈佛大学

约翰斯·霍普金斯大学

耶鲁大学

帝国理工大学

伦敦大学学院

东京大学

香港中文大学

......

就业前景与去向

随着全球经济发展、社会文明进步和"健康中国2030"计划的落实,我国公共卫生领域需求旺盛,新冠疫情更凸显了对公共卫生高层次专业人才的迫切需求。学院学生毕业后的职业发展领域宽广,主要就业岗位包括政府卫生行政管理部门,各级疾病与预防控制中心/医疗机构,进出口检验检疫机构,医/药/器械/诊断试剂中外企业,研究所,大型医院信息及科研岗位,基层卫生机构管理岗位,国际组织,食品研发公司/企业,新媒体平台等。此外,国家医疗系统改革正在探讨医防结合的模式,预计不久的将来预防医学毕业生将有可能从事全科医疗诊治的工作。

部分优秀校友 〉〉〉〉〉〉

预防医学

杨维中
中华预防医学会副会长，中国疾病预防控制中心疾病控制与应急处理办公室前主任。

乔友林
中国医学科学院/北京协和医学院肿瘤研究所流行病学研究室主任，中国癌症基金会副秘书长，亚太肿瘤预防组织（APOCP）常务秘书长，WHO、国家卫健委癌症专家组成员。

杨 珉
四川大学西部农村卫生发展研究中心主任，英国诺丁汉大学医学院名誉教授，澳大利亚Swinburne科技大学司法行为学中心兼职教授，英国皇家统计学会会员。

张亚伟
耶鲁大学公共卫生学院终身教授。

郝元涛
中山大学公共卫生学院院长。

陈 峰
南京医科大学公共卫生学院院长。

张 本
四川大学华西公共卫生学院院长。

卫生检验与检疫

童文彬
1988年毕业于华西卫生检验专业，现任四川省疾病预防控制中心主任技师、微生物检验所副所长。在抗击新冠疫情中，任四川省疾控中心新冠疫情应急处置实验检测组副组长，并作为中国红十字会志愿专家团成员，首批赴意大利，支援意大利新冠防控，圆满完成任务。2014年12月至2015年1月，还曾作为专家赴几内亚比绍开展埃博拉病毒防控工作。

柯昌文
主任技师，1989年毕业于华西卫生检验专业，现任广东省疾病预防控制中心微生物检验所所长，是我国病原微生物专业领域首席专家。一直工作在传染病防控的第一线，全程参与了我国消灭脊髓灰质炎的病毒学监测和证实工作；获得"全国卫生系统抗击非典先进个人"称号，被中组部授予"全国优秀共产党员"称号。

邵俊斌
1993年毕业于华西卫检专业。创立了上海之江生物科技股份有限公司，自主研发了多种病原检测试剂盒。2020年1月，该公司在新冠疫情防控的初期阶段迅速研发出新冠病毒全自动封闭检测平台和新冠核酸检测试剂盒，大量供应湖北武汉及境外，为新冠疫情防控提供了重要的病毒检测手段。

食品卫生与营养学

钟 燕
2003毕业于四川大学华西公共卫生学院营养与食品卫生学专业博士，现任惠氏营养品大中华区医学科学事务与技术总监，曾就职美赞臣婴幼儿营养品研发中心营养科学副总监，蒙牛乳业集团研发营养与健康研究部高级总监。曾先后任第二军医大学做临床营养博士后和上海交通大学医学院营养系副教授/硕士生导师。

饶志勇
2002年毕业于华西医学营养本科专业，外科营养学博士，副教授，现任四川大学华西医院临床营养科支部书记兼副主任。新冠肺炎期间，赴湖北武汉武昌医院参与新冠肺炎临床营养救治工作，做出突出贡献。

顾中一
2009年毕业于华西医学营养本科专业。毕业后于北京友谊医院担任营养师8年，现自主创业成立北京顾中一健康管理有限公司，现任北京营养师协会理事，全国首批科学传播副高职称，所著科普图书销售10余万册，在微博、微信等网络平台积累粉丝超过500万，入选福布斯中国50位意见领袖榜。

联系方式

学院网址：http://wcsph.scu.edu.cn/ztbk/zsxc.htm
联系电话：028-85501605
电子邮箱：hxgw2020@163.com
微信公众号：华西公共卫生学院

27

华西药学院
West China School of Pharmacy, Sichuan University

学院概况

四川大学华西药学院的前身是仁济医院（华西医院前身）制药专修学校，由加拿大人米玉士博士（E.N. Meuser, 1880－1970）创建于1918年，是全国公认的5所历史最为悠久的药学院系之一，也是我国最早开展药学教育和最早设立药学一级学科博士点授权的单位之一。学院以培养能引领未来行业发展的创新人才为己任，聚焦扎实专业基础、强烈创新意识、深厚人文底蕴、宽广国际视野的人才培养目标，现有本科招生专业两个：一是四年制药学专业，为首批国家特色专业建设点、首批国家一流专业建设点；二是五年制临床药学专业，为1989年在全国率先开办，首批省级一流专业建设点，2019年临床药学专业国内排名第一（根据《中国大学及学科专业评价报告》）。

华西第六教学楼

培养特色

华西药学院充分发挥四川大学文理工医多学科优势，注重学生综合素质的培养，形成了"厚通识、宽视野、多交叉"的人才培养特色。除了专业教育及专业基础教育，学生还可接受丰富全面的通识教育，包括人文艺术与中华文化传承、社会科学与公共责任、科学探索与生命教育、工程技术与可持续发展，以及国际事务与全球视野等五大模块。学院高度重视学生实践能力和创新能力的培养，建立了多层次、多模块实践教学体系和海内外高水平的实习实训基地，如开设系列小班化精品实验课程，将前沿性的药物研究技术和知识引入药物探究型实验创新体系等。药学学科拥有国家重点实验室、部省级重点实验室、校企联合工程研究中心等科研平台，并向本科生开放，为"以研促教"的高水平人才培养提供了重要的支撑保障。本科生参与国家自然科学基金重大项目、创新研究群体项目等国家级项目早期科研训练的比例超过85%，每年在全国大学生药苑论坛、大学生实验技能竞赛和"互联网+"大学生创新创业大赛等比赛中取得优异成绩。研究生论文有4篇获全国优秀博士论文，有2篇被提名，在全国药学院校中排名第一。

学院文体活动

我院学生参加学科竞赛

社会实践公益活动

我院学生参加学科竞赛

专业剖析

药学专业

培养适应我国医药事业发展需要，掌握现代药学基本理论、基本知识和基本技能，在药品研发、生产、检验、流通、使用和管理等领域从事药物发现和评价、药物制剂设计与制备、药品质量标准研究和质量控制、药品管理以及药学服务等方面工作的高素质药学专门人才。

临床药学专业

培养具备临床药学学科基本理论、基本知识和基本技能，能进行临床药物治疗方案拟定、实施与评价等药物应用工作，开展药品临床评价、药物应用方法研究，提供药学服务及承担合理用药管理的高素质专门人才。

药学是以现代化学、医学为主要理论指导，研究、开发和生产用于预防、治疗、诊断疾病的药物的综合性学科。

临床药学是以提高临床用药质量为目的，以药物、疾病、人体相互关系为核心，研究和实践药物临床合理应用方法的综合性学科。

学院毕业典礼

比较优势

学科齐全、特色显著

学院设置有药物化学、天然药物化学、药剂学、药理学、药物分析、微生物与生化药学、生药学、临床药学、药事管理学共9个药学二级学科，形成了从药物先进制造与新药研发到合理用药与药学服务及政策研究等药学各领域的全覆盖，是目前国内为数不多的、学科设置最为齐全的药学院校之一。尤其在药物绿色制造工艺、药物集群式精准合成、手性药物精准控制合成、生物碱药物发现、药物新型传递系统、靶向药物传递系统等研究方向优势突出。

一流学科

学院办学实力雄厚，声誉蜚声中外。药学学科2019年软科排名全国第四、综合类大学第二，QS排名全球51至100位，药理和毒理学ESI排名进入全球前1‰，在第四轮学科评估中，我院药学学科位列全国A-类，是四川大学重点支持的"双一流"建设学科。

一流平台

药学学科拥有生物治疗国家重点实验室、靶向药物与释药系统教育部重点实验室、靶向药物与释药系统四川省重点实验室、四川省小分子药物工程技术研究中心、四川省植物来源药物工程实验室、四川省天然药物重点实验室、国家大容量注射剂工程技术研究中心等多个国家和省部级科研基地，形成了学科高度交叉融合、基础和应用并重的、国内领先的平台基地群。

一流师资

拥有一支以院士、国家杰出学者、优秀中青年海归人才为主的，知名企业家和行业专家等杰出校友为辅的师资队伍，教学科研及行业经验丰富，秉承历史传承与国际视野兼具的理念，协力培养适应新时代发展需求的药学高素质人才。

国际化培养

通过四川大学"大川视界"大学生海外访学计划，以及学院自主设立的"米玉士教育发展基金"海外访学项目，每年不定期选派优秀本科生到国外及我国港澳台百余所知名大学访学交流，同时在经费、学分认定等多方面给予支持和奖励，并在美国北卡大学教堂山分校药学院、日本东北大学药学院、香港中文大学等建立了实习基地。学院每年邀请20余位海外著名大学教授来院访学，其中数名在四川大学"国际课程周"开设为期两周的全英文课程，同时招收海外名校药学专业在读学生参加国际交流营活动，与我院学生深度交流。

剑桥院士与本科生交流

北卡大学交流活动

"国际课程周"交流

国际交流营医院见习

毕业去向 ≫≫≫≫≫

国（境）外深造院校

学院毕业生境外深造比例和质量逐年提升，遍布美国、澳大利亚、日本、德国、英国、中国香港和台湾等知名高校。如美国的北卡罗来纳大学、明尼苏达大学、约翰·霍普金斯大学、匹兹堡大学、东北大学、犹他大学、贝勒医学院等；加拿大的曼尼托巴大学；欧洲的伦敦大学学院、帝国理工大学、纽卡斯尔大学、林雪平大学、哈勒维腾贝格大学等；亚洲的日本东京大学、新加坡国立大学等。

主要就业方向

学院毕业生就业质量稳中有升，持续向好，主要去向为跨国大型药企，如辉瑞制药、赛诺菲、默沙东、瑞士诺华等，国内知名制药企业如成都康弘药业集团、四川科伦药业股份有限公司、云南白药集团股份有限公司、华润三九医药股份有限公司等，以及各省市食监局、药监局、药检院、三甲医院等。

部分优秀校友 ≫≫≫≫≫

陈芬儿
1988届硕士，中国工程院院士，复旦大学教授，四川大学双聘教授。

柯尊洪
1981届本科，成都康弘药业集团股份有限公司董事长。

洪浩
1981届本科，凯莱英医药集团董事长。

高光坪
1981届本科，美国麻省大学医学院终身讲席教授，麻省大学医学院基因治疗中心主任。

左敏
1982届本科，上药医药执行董事兼总裁。

江德元
1984届本科，国家药监局器械注册司稽查专员兼司长。

果德安
1987届硕士，中药标准化技术国家工程实验室主任。

袁林
1987届本科，国家药监局药品监督管理司司长。

庾石山
1989届硕士，中国医学科学院药物研究所副所长。

张伶俐
1993届本科，四川大学华西第二医院副院长，获"吴阶平-保罗·杨森医学药学奖"。

张强
1995届博士，北京大学博雅教授，"973"项目首席科学家。

张彦
1996届本科，重庆药友制药有限责任公司执行总裁，"全国百篇优博论文"获得者。

杨宇
2003届本科，动漫电影《哪吒》导演、编剧、制片人。

联系方式

学院网址：http://pharmacy.scu.edu.cn/
联系电话：028-85501399 / 85501415
电子邮箱：jxk1399@163.com，yaoxuexsk@126.com
微信公众号：川大华西药学院

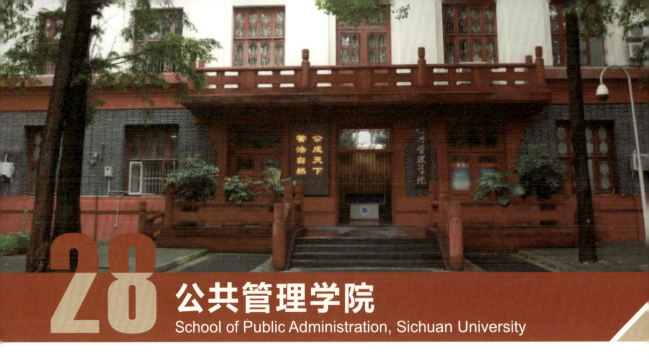

28 公共管理学院
School of Public Administration, Sichuan University

学院概况 ▶▶▶▶▶▶▶▶▶▶▶▶▶▶▶

　　四川大学公共管理学院成立于2001年6月，是四川大学为实现不同学科门类交叉，优势互补而组建的新型学院。学院自成立以来，秉承"海纳百川、有容乃大"的川大精神，坚持"严谨、勤奋、求是、创新"的校风，以"公成天下、管法自然"为院训，依托四川大学的综合优势，以社会服务为导向，以社会需求为依据，以社会发展为目标，始终把培养高层次、复合型、应用型公共管理人才，为社会提供优质的公共管理领域教育、培训与咨询服务作为学院的责任与使命。学院涵盖公共管理、图书情报与档案管理、社会学三大一级学科，覆盖行政管理、劳动与社会保障、土地资源管理、信息资源管理、档案学、社会工作6个本科专业，包含13个硕士点，1个博士一级学科授权点，1个博士后科研流动站。具有从本科到博士后的全流程人才培养体系。

公共管理学院

培养特色

公共管理一级学科

四川大学公共管理学科历史悠久，1912年四川大学前身四川高等学校即开始培养政治学与行政学人才。1995年，公共管理学科获批西部地区最早的行政管理硕士学位授予权，2010年获批公共管理一级学科博士学位授予权。公共管理学科是2016年教育部第四轮学科评估中，四川大学五个文科A类学科之一；并作为"管理科学与国家治理"学科群的核心组成部分，进入四川大学"双一流"建设12个一流学科（群）。公共管理一级学科涵盖行政管理、社会保障、土地资源管理3个二级学科。其中行政管理专业是教育部评定的首批"国家级一流本科专业"，劳动与社会保障专业是四川省特色专业。学科师资力量强大，教学模式与培养方案兼具理论与实践导向，努力培养"精英化""国际化""复合型"的现代化公共管理人才。

图书情报与档案管理一级学科

信息管理大类涵盖信息资源管理与档案学两个本科专业。本学科以"建立开放、融合、创新的人才培养体系，建设国内一流信息与档案管理人才培养基地"为办学定位，致力于培养具备坚实的现代信息管理理论基础，扎实的信息管理方法与技术，面向宽广的信息领域的高级复合型人才。本学科在人才培养理念上注重人文与科学的结合，为学生构建基础实、专业精、口径宽的"矮T型"知识结构；在教学内容设计上大力将管理知识同技术运用有机结合，将思维方式养成同操作能力实训有机结合，将教师的研究成果同教学内容有机结合；在教学方式改革上初步实现理论教学与实践教学并重，第一课堂与第二课堂并重，校内培养与校外实践并重；培养方案采用模块化设计，专业教育同通识教育无缝衔接，本科教育与研究生教育无缝衔接。

社会学一级学科

四川大学社会学在西部研究方面特色突出、影响显著，将人才培养和科学研究置于中国西部独特又复杂的社会环境，服务西部，自成一格。社会学学科致力于培养具备社会学理论素养、掌握社会学研究方法，能够适应西部社会的差异化和复杂性，具有文化包容性和理解力，可以胜任社会管理事务的复合型高级专门人才。在培养过程中，注重课程学习和论文研究相结合，帮助学生系统掌握社会学的理论知识、研究方法和操作技能，培养学生在社会情境中观察、分析和解决社会问题的能力。

名师与学生交流

专业剖析 〉〉〉〉〉〉〉

行政管理

　　行政管理专业是教育部2019年评定的首批"国家级一流本科专业"，是"四川省特色专业"，综合实力进入全国顶尖行列。本专业致力于培养具有宽广的国际视野、强烈的社会责任、扎实的知识基础的高素质专业管理人才。行政管理专业确立了"能力导向、中国特色、世界一流"的专业定位，坚持"高起点、厚基础、重实践、求创新"的专业特色，探索"多元协同、多维拓展、多阶渐进"复合型人才培养模式，努力建设我国"卓越管理者、未来政治家、顶尖思想家"的摇篮。

信息资源管理

　　信息资源管理专业于2004年设立，作为全国西部地区第一个信息资源管理专业，根据中国科学评价研究中心等权威机构评估显示，本专业排名连续多年位居全国前20%。信息资源管理专业以"数据思维、系统思维、用户思维、技术思维、管理思维"五维一体为指导，努力将学生培养成为未来的数据处理与管理专家、信息技术应用者、信息需求分析师与服务者，信息用户行为专家、信息文化建构师，让毕业生成为未来信息职业的领导者和变革推动者。

劳动与社会保障

　　劳动与社会保障专业是全国首批招生布点专业、四川大学重点建设的一流学科构成专业、全国A类学科、四川省特色专业，具有完善的本、硕、博、博士后流动站人才培养体系。在中国科教评价网的评估中连续多年进入全国前5%。以社会保障为依托，在劳动经济、人力资源管理和商业保险3个方向延伸，秉承"宽口径、厚基础、强理论、重应用"的专业特色，培养高水平、复合型的劳动与社会保障管理者和研究者。在历年毕业生满意度调查中名列前茅。

档案学

　　档案学专业先后被评为四川大学本科特色专业和四川省本科特色专业。本专业现为教育部档案学专业教学指导委员会副主任委员单位。本专业的学术实力、师资质量和办学水平在全国高校同类专业中名列前茅。根据中国科教评价网评估，本专业在全国排名前6。根据校友会版档案学专业大学排名，本专业全国排名第3。本专业旨在培养系统掌握档案学、文件学、信息学、秘书学专业知识，具备管理学理论素养和信息技术技能的复合型高级专门人才。

土地资源管理

　　土地资源管理专业是"中国高水平专业"，近年来名列全国前五。坚持"土含国运，管奉民生"的系训，致力于培养具备土地资源管理及房地产经营管理基本理论，具有测量、制图、规划、估价等基本技能的专门人才。根据学信网调查结果显示，近三年学生对四川大学土地资源管理专业的满意度高达98%，用人单位对本专业毕业生的满意度也高达99%。根据第三方机构评估，学生和用人单位对本专业的满意度在四川大学所有本科专业中排名前3。

社会工作

　　社会工作专业以培养具有社会工作、社会学、管理学、心理学等多学科视野，熟练掌握社会工作理论与方法，深刻理解社会工作专业价值观与伦理守则，灵活运用社会工作专业知识与技能，能够从事社会机构管理运营、社会工作实务、社会政策分析和社会管理事务的复合型高级专门人才为培养目标。本专业具有国际化的师资团队、专业实践平台及人才培养体系。核心课程包括社会工作理论、社会工作咨询、社会学概论、人类行为与社会环境、社会心理学、社会调查研究方法等。

各类比赛获奖

学科优势

四川大学公共管理学院是一所以公共管理为核心,包含政治学、经济学、社会学、心理学等学科的综合性学院,研究水平位于全国前列,是四川大学社会科学总论(ESI前1%)的重要支撑学院。在教育部第四轮学科评估中,公共管理学科入选A类学科。2019年,行政管理系入选"国家级一流本科专业"。学院师资力量雄厚,共有94位专任教师,其中82位拥有博士学位,学院教职工来自中国、德国、法国、美国、瑞典、巴基斯坦、中国香港等近10个国家和地区。学院现有教育部重大人才计划入选者1名,国家"万人计划"哲学社会科学领军人才1名,教育部新世纪优秀人才1名,国家社会科学基金重大项目首席专家4名,四川省高层次人才引进计划项目入选者4名,四川省学术和技术带头人6名,四川大学"双百人才工程"计划入选者2名。近五年来,学院承担各级纵向项目349项,其中国家社科基金项目36项,发表 CSSCI及以上级别学术论文近600篇,获得省部级奖励17项。学院积极服务国家治理与决策,助力区域公共服务,向党和各级政府提供国家重大项目规划、地方发展战略规划等政策及发展建议,研究成果多次被国家和省级社科规划办收入《成果要报》和《重要成果专报》,决策咨询报告屡获国家级和省部级领导人批示,多份政策建议已转化为地方政府决策。近年来,学院与英国玛丽女王大学,日本东北大学、早稻田大学,加拿大多伦多大学,瑞典乌普萨拉大学,美国密歇根州立大学、亚利桑那州立大学等数十所世界知名高校搭建了各类人才培养、科学研究等合作交流平台。2018年,学院设立了"Public Administration"(公共管理)全英文本科专业并面向全球开始招收首届学生,将学院的国际化办学实践提升到新的台阶。

学术论坛剪影

2014年德国默克尔总理来访

牛津大学圣埃德蒙学院来访

哈佛大学肯尼迪政治学院来访

国际化培养 》》》》》》》》》》》》》》》》》

学院不断开拓与海外高等院校的高端国际交流与合作。自学院成立以来,已与美国、英国、日本、瑞典、加拿大、法国、新加坡、澳大利亚等国家和中国港澳台地区的高校开展人才培养、科学研究等方面的交流与合作。学院学生已通过本、硕、博各类学生联合培养交流交换项目、寒暑假短期交流项目、公派研究生项目等校院级平台成功申请到全球知名高校攻读学位及交流学习。学院先后多次成功举办"国际行政科学学会暨国际行政院校联合会2016年联合大会""2016两岸公共治理成都论坛""绿色发展与社会治理"等大型国际及双边学术会议,邀请国内外百余名著名专家学者来我院讲学。2014年至今,学院连续成功举办五届"实践及国际课程周",吸引了百余名外籍教师和留学生参与,组织开展包括专业课程及知识交流、文化体验等校院级各项活动50余项。此外,学院还接收了来自美国、法国、韩国、土耳其、斯里兰卡、越南、老挝等国家的留学生和中国台湾、香港地区的长短期学历生及交换生。并于2018年开设了"Public Administration"全英文本科专业并开始招收首届学生,极大地增强了学院的国内外知名度。

实践与国际课程

2017国际交流营参观熊猫基地

"国际课程周"学习剪影

2016年IIAS-IASIA联合大会

毕业去向

国（境）外深造院校

牛津大学

伦敦大学学院

宾夕法尼亚大学

康奈尔大学

哥伦比亚大学

京都大学

悉尼大学

墨尔本大学

伦敦政治经济学院

谢菲尔德大学

密歇根州立大学

伍斯特理工学院

……

主要就业方向

行政管理专业毕业生：国家机关单位、事业单位、国有企业及社会组织，从事组织管理、人力资源、政策分析、公关协调、市场策划等工作。

劳动与社会保障专业毕业生：人力资源与社会保障、医保、财政、发改、税务、民政等机关单位，世界五百强企业、大型央企国企，金融保险机构，高等院校、研究咨询机构等，从事管理、教学、研究、咨询工作。

土地资源与管理专业毕业生：国土、城建、农业、房地产以及相关领域，从事土地调查和评价、土地利用规划、地籍测量、城市管理、房地产经营与管理、房地产金融、房地产评估等方面的工作。

信息资源管理专业毕业生：海内外著名高校深造，或者在政府机关事业单位从事相关工作，在阿里巴巴、百度、腾讯等互联网与IT公司从事管理信息化、数据库开发、数据分析、信息咨询、用户体验、信息系统设计及运维等工作。

档案学专业毕业生：国家党政机关、国有大型企业、高校、科研院所等事业单位的人力资源部门、档案管理部门或行政办公室，以及包括档案馆在内的公共文化机构。

社会工作专业毕业生：社会福利、劳动人事、司法、卫生、教育、社会保障等政府机构，工会、共青团、妇联等群团组织，以及国内外公益基金会、社会企业和非营利性公益社会组织。

部分优秀校友

向　巧/南昌航空大学名誉校长、中国工程院院士。

刘筱柳/四川省成都市政府副市长、党组成员。

刘中伯/四川省宜宾市委书记。

易定宏/北京华图宏阳教育文化发展股份有限公司创始人、董事长。

吴茂林/原美团点评公司副总裁，曾任职《IT经理世界》杂志社、《互联网周刊》杂志社担任执行总编、网易公司新媒体中心总监，现为国内领先的创业创新服务平台——不凡商业的总裁。

……

联系方式

学院网址：http://ggglxy.scu.edu.cn/

联系电话：028-85412446

电子邮箱：ggbkjw@163.com

微信公众号：川大公管院

29 商学院
Business School, Sichuan University

学院概况 》》》》》》

四川大学商学教育始于1905年四川省城高等学堂设立的半日学堂,历经115年的发展,办商科、传商学、开商智,培养了大量商业英才。2001年6月,四川大学原工商管理学系、管理科学系和管理工程系合并,组建四川大学工商管理学院。2012年11月,更名为四川大学商学院。

学院遵循"根植中国、面向未来,贡献国家、影响世界"的理念,确立了"建成中国特色川大风格世界一流商学院"的总体发展目标。

学院秉承"行健厚德,格商致道"的院训,坚持立德树人根本任务,以人才培养为中心,以学科发展为龙头,以师资队伍建设为抓手,以社会需求为导向,不断推进学院改革创新发展。

2020年学院本科招生的专业类别有:管理科学与工程类(包含管理科学、工业工程2个专业)、工商管理类(包含市场营销、财务管理、人力资源管理3个专业)和会计学专业(ACCA)。其中,会计学专业为省级一流专业,工业工程专业为省级本科特色专业,管理科学专业为省级本科人才培养基地和省级本科特色专业。

环保绘•青志

学院内景,舒适宜人

培养特色 》》》》》》》》》》》

学院学科结构完整，目前拥有管理科学与工程、工商管理2个一级博硕士学位授权点和博士后流动站，2个一级学科在全国第四轮学科评估中均评为A-。拥有工商管理硕士（MBA、EMBA）、工程管理硕士、会计硕士、审计硕士4个专业硕士学位授权点。

学院本科专业建设依托"工商管理"和"管理科学与工程"2个A类一级学科，在本科创新人才培养中推行管理类本科"全程三阶+多维螺旋递进"的创新人才培养模式，致力于培养具有"坚定理想信念、深厚人文底蕴、扎实知识技能、强烈创新意识和国际竞争能力"的管理人才。

学院以创新理念不断推动本科教育教学改革、提升人才培养质量。人才培养方案充分体现文理交叉、理工结合的学科融合特点；在教学过程中，积极推进"以学为中心"的教学组织模式变革，落实"探究式—小班化"教学；全面实行"过程考核"和"非标准化考试"，建立学生学习的综合评价体系；积极推行"五进五结合"的"产、学、研"育人模式，通过进教师课题组、进实验室、进科研团队、进企业、进社区（乡村）等方式，实现教学与科研结合、课程与课题结合、理论教学与实践教学结合、学术研究与社会服务结合、研究团队与教学团队结合。相关教育教学改革成果获得国家级教学成果二等奖1项、四川省教学成果一等奖2项。

毕业典礼

专业剖析 ≫≫≫

会计学（ACCA）

会计学专业（ACCA）开设于2004年，体现了国际注册会计师职业教育和国内会计学本科学历教育的有机结合，旨在培养具有国际会计执业资格、知识面广、专业技能精、英语能力强的高端财会领导人才。近几年，毕业生实现100%就业率，出国留学和国内深造率一直保持在60%以上。目前本专业已经成为四川大学本科创新人才培养的知名品牌，深受学生、家长及社会的欢迎。

核心课程涵盖ACCA全球统考课程，如财务会计、管理会计、会计师与企业、业绩管理、公司法与商法、审计与认证、财务管理、战略商务报告、战略商业领袖等。

管理科学

管理科学专业定位于商务数据科学，涉及决策支持、运营与供应链、营销分析等领域，适应国家大数据产业发展战略的需要，培养具备系统管理思想和数据定量分析能力的商业分析和数据分析人才。

核心课程包括商务统计基础、商业研究方法、经济计量学基础(SAS)、运营管理、供应链管理、管理信息系统、Python程序设计、数据结构与算法分析、机器学习、大数据计算基础、数据可视化(Tableau)、仿真与计算实验(MATLAB)、R语言与统计实验等。毕业学生主要在行政事业单位、金融服务企业、互联网企业、咨询策划企业等从事数据分析及商务智能化的相关技术与管理工作。

工业工程

工业工程专业致力于培养具有系统性和创造性思维、国际化视野，依托人工智能、大数据、物联网、增强现实、虚拟制造等新兴信息技术，结合优化方法和工程技术，对复杂的制造和服务系统进行分析、规划、设计、管理和运作的综合专业能力的复合型创新人才。

核心课程包括系统工程、决策分析、设施规划与物流分析、智能制造系统、工程经济学、生产计划与控制、质量管理与可靠性、人因工程、系统仿真、基础工业工程、数据科学与商务分析、智能调度算法及应用。近年来，毕业生除了在国内外一流高校继续深造外，主要在智能制造业、现代服务业、医疗、金融、物流、科研院所、政府部门等各类单位从事统筹规划、系统优化和管理等岗位的工作。

人力资源管理

人力资源管理专业围绕"人"这个核心因素，为各行业培养兼具科学素养与人文情怀的人力资源管理领域领军人物，推动企业选人、用人、育人、留人的变革。毕业生不但胜任企事业单位的人力资源管理岗位，具有成长为高级职业经理人、企业家的巨大潜力，同时具有继续深造成为学术领军人物的潜力。

核心课程包括人力资源管理、组织行为学、人力资源战略与规划、人才测评、人力资源培训与开发、绩效与薪酬管理、劳动关系管理。

市场营销

市场营销专业致力于培养胸怀天下，对内外部环境具有正确判断力，以价值创造为导向，具有大数据分析技能，能正确规划营销方案，并通过高质量的执行为组织获得持续竞争优势的复合型管理人才。

核心课程包括市场营销、消费者行为学、营销战略、市场调查、营销研究方法与应用、品牌管理、谈判与推销、网络营销、整合营销传播、销售管理、城市营销。近年来，毕业生除了在国内外一流高校继续深造外，主要在各类企业组织和行政事业单位从事战略规划、市场研究、顾客关系管理、广告管理、市场开发等工作。

财务管理

财务管理专业致力于培养具有扎实的金融与会计理论基础、熟练的财务技能、专业的数据分析能力、出色的沟通协调能力、国际化的学术视野和良好综合素质的复合型财务管理人才。

核心课程包括财务管理、投资学、货币金融学、财务报表分析、金融衍生工具、风险管理、国际金融、财务会计、计量经济学、创业投资与私募股权等。近年来，一半以上毕业生在国内外一流高校继续深造，其余毕业生在各金融机构、国内外知名企业、会计师事务所、咨询公司、政府部门或事业单位从事财务、会计与金融相关工作。

管理综合实验室

四川大学创新与创业金融实验室

比较优势

商学院两个一级学科——"管理科学与工程"和"工商管理"在全国第四轮学科评估中均被评为A-;"工商管理硕士(MBA)"在教育部首次专业学位评估中被评为A-;由商学院牵头的"管理科学与国家治理"入选四川大学"双一流"重点建设学科群之一。拥有1个四川省重点学科,1个省级一流本科专业,1个省级本科人才培养基地,3个省级本科特色专业。2020年泰晤士高等教育世界大学学科排名,四川大学"商科与经济学"首次进入全球前200名。

商学院是国家级文科综合实验教学示范中心主任单位,拥有中国科技金融研究中心、省重点实验室、省社科重点研究基地、省新型智库,以及23个校级研究机构;是中国系统工程学会、中国优选法统筹法与经济数学研究会、中国管理科学与工程学会的副理事长单位;是四川省系统工程学会、四川省工业与应用数学学会、四川省营销学会、中国运筹学会企业运筹学分会、中国系统工程学会理论专业委员会、中国优选法统筹法与经济数学研究会普及工作委员会等学术社团的理事长单位。

学院有国际系统与控制科学院院士2名,国家级人才计划哲学社会科学领军人才1名,国家杰出青年基金获得者3名,新世纪百千万人才工程国家级人选2名,享受国务院特殊津贴专家2名,国家优秀青年基金获得者1名,国家级人才计划青年拔尖人才1名,其他部省级高层次人才20余人次。

近五年,学院获批国家级重大项目2项;获批省级智库1个;获教育部自然科学一等奖2项,二等奖2项,教育部人文社科二等奖1项,四川省社科优秀成果一等奖3项、二等奖6项;发表高水平学术论文80余篇。

2019年"挑战杯"国家级获奖团队

我院学生在第五届中国"互联网+"大学生创新创业大赛中喜获佳绩

国际化培养 》》》》》》》》》》》》》》》》》》》》

新南威尔士大学国际化学术交流

学院与国外多所知名院校建立了广泛的交流合作关系。2004年,商学院与英国特许会计师公会(ACCA)合作开办会计学专业(ACCA),将执业资格教育融入本科教育体系;2014年与澳大利亚注册会计师公会合作,达成会计学与财务管理专业学生的课程认证及免考合作协议。学院建设有"工商管理专业"国际留学生班,目前共有留学生146名。2018年学院成为国际商学院协会(AACSB)会员单位,为本科教育国际化的进一步发展奠定了良好的基础。

常年有100余名本科学生参加学校、学院的各类境外学习与交流项目,其中包括到英国牛津大学、剑桥大学,美国哥伦比亚大学、华盛顿大学、圣母大学、亚利桑那州立大学,波兰华沙大学,新加坡国立大学等知名院校进行短期交流学习。

学院每年主办"管理科学与工程管理国际会议"和"战略管理国际会议";组织承办了"智慧物流""国际系统与控制科学院院士大会""大数据背景下的医疗运作与物流管理国际研讨会""能源•环境与商业文明国际会议"等高端国际会议以及各类国际学术研讨会,经常聘请国际知名学者为本科生授课及作学术报告。

高端学术交流活动——讲座嘉宾

大川视界——剑桥大学访学

韩国又松大学访学

新加坡国立大学访学

毕业去向 ⟫⟫⟫⟫⟫⟫

国（境）外深造院校

学院本科毕业生近五年到境外深造的学生人数超过毕业生人数的22%。学生们境外深造的学校中，QS世界排名前50的占多数，如：

哥伦比亚大学

芝加哥大学

约翰•霍普金斯大学

卡内基•梅隆大学

爱丁堡大学

帝国理工学院

伦敦政治经济学院

伦敦国王学院

墨尔本大学

悉尼大学

新加坡国立大学

南洋理工大学

……

主要就业单位

学院近五年的本科毕业生就业方向主要分布在：

（1）大型国有企业，如中国石油、中国联通、中船重工、中建三局等"中"字头企业，以及东方电气集团、一汽大众、国家电网、中国航天科工集团等知名企业；

（2）大型民营企业，如华为技术有限公司、腾讯科技有限公司、百度时代网络技术有限公司、恒大地产、国内八大会计师事务所、蓝光集团等知名企业；

（3）党政机关，如国家税务总局、国家统计局，以及多个省市的组织/人事部门、人民法院等。

部分优秀校友 ⟫⟫⟫⟫⟫⟫

学院本科教育培养出大批优秀人才，他们在各自领域为经济社会发展做出了突出贡献。

李卫伟

1996级，芜湖三七互娱网络科技集团股份有限公司创始人、董事长，曾先后入选"中国商业最具创意人物100""中国50位商业先锋"，荣获"全国优秀诚信企业家""中国互联网创新先锋人物""年度最具社会责任领导力人物奖""最佳上市公司总裁奖""年度最具社会责任人物奖"等称号和奖项。

文博亮

2001级，深圳小满科技有限公司创始人、董事长。

吕 欣

2002级，国防科技大学系统工程学院教授，青年骨干拔尖人才。

文泽平

2007级，蓝骄传媒创始人、董事长，曾荣获"中国大学生自强之星标兵""全国十大优秀青年企业家"等荣誉称号，个人先进事迹曾多次被央视、《中国青年报》等媒体报道。

联系方式

学院网址：http://bs.scu.edu.cn/

联系电话：18402873589、18030531147

电子邮箱：sxyzs@scu.edu.cn

微信公众号：川大商学院

30 马克思主义学院
College of Marxism, Sichuan University

学院概况

四川大学拥有120多年的办学历史，是中国最早传播和研究马克思主义的重镇，也是西部地区马克思主义理论研究和传播的重要基地。四川大学马克思主义学院是全国重点马克思主义学院，现有"马克思主义理论"一级学科博士点。在全国第四轮学科评估中，马克思主义理论学科获评A类学科。

学院师资力量雄厚，科研成果突出，教改成果丰硕。近年来，学院新增国家社科基金重大和重点项目6项，国家级项目19项，省部级项目70余项；发表高水平论文600余篇，出版学术专著36部；获得省部级以上教学科研奖励40余项；多篇咨询报告被中央领导批示；打造了"五彩石""8秒正能量""红动一小时"等精品实践教学品牌。

学院举办第六届全国马克思主义院长论坛

专业介绍 》》》》》》》》》》》》》》》》》》》》》》

马克思主义理论 ━━━━━━━━━━━━━━━━━━━━━●

马克思主义理论本科专业致力于培养具有坚定的马克思主义信仰、扎实全面的马克思主义理论功底、系统掌握马克思主义的科学研究方法，具有深厚的人文社会科学素养、宽广的国际视野、较强的理论思维能力、严谨求是的学风、强烈的社会担当精神和高尚的道德品质，能够从事马克思主义理论探索或治国理政实务工作，成为担当民族复兴大任的国家栋梁和社会精英。

本专业重视培养学生基本理论素养和实践创新能力，本科课程设置了专业教育、跨学科专业教育、实践教育和通识教育四大板块，建有完善的"一对一"学业导师制，每年组织学生开展专业调研、实践研修等丰富多彩的社会实践活动。学校、学院重视学生的国际化培养，每年举办"实践与国际课程周"，开办"国际交流营"，支持学生赴海外名校开展学术交流，学生在校期间都有接受国际化教育和培养的机会。

庆祝新中国成立70周年暨思想政治教育前沿问题研究高峰论坛

首届西部高校马克思主义论坛

优势特色

一流的师资队伍

学院现有专任教师84人，其中教授17人，副教授37人；博士生导师13人，研究生导师33人；特聘教授18人。学院教师中有国务院政府津贴专家4人，教育部思想政治理论课教学指导委员会委员2人，教育部新世纪优秀人才3人，四川省学术和技术带头人4人，四川省有突出贡献的优秀专家3人，四川省教学名师1人，四川省学术和技术带头人后备人选12人，四川省"天府万人计划"1人，高校思想政治理论课教师年度影响力标兵人物1人，高校思想政治理论课教师影响力提名人物2人，全国高校思想政治理论课教学能手2人。

雄厚的学科支撑

学院现有"马克思主义理论"一级学科博士点（涵盖7个二级学科博士点）和一级学科硕士点，另有"中共党史""科学社会主义与国际共产主义运动"两个政治学二级学科硕士点。学校将"马克思主义理论与中国特色社会主义创新"纳入四川大学"双一流"建设面向未来学科和超前部署学科群进行重点建设。在全国第四轮学科评估中，马克思主义理论学科被评价为A类学科，强劲的学科实力为本专业"本一硕一博"一体化人才培养提供了坚实的学科支撑。

独特的培养模式

学院坚持以培养能够胜任马克思主义理论研究或从事治国理政实务工作的优秀人才为目标，注重学生个性化培养和创新能力提升。通过实行"一对一"学业导师辅导、经典著作研读、参与高水平课题研究等方式夯实学生的马克思主义理论基础；通过"研习有声"宣讲团、西部高校青年马克思主义者论坛、学生骨干领导力训练营、本科生夏令营等各类载体鼓励学生张扬个性，培养学生的创新能力。

第三届西部青年马克思主义者论坛

"研习有声"宣讲团

学院师生迎新晚会

学院学生骨干领导力训练营

国际交流

学院注重国际学术交流合作，与英国、法国、俄罗斯、爱尔兰等国高校建立长期稳定的合作关系。学院积极组织、支持学生参加各类大学生海外访学计划，鼓励学生参与各类国际学术交流。

学院国际交流情况

英　国 / 牛津大学
英　国 / 剑桥大学
英　国 / 伦敦玛丽女王学院
美　国 / 加州大学欧文分校
美　国 / 明尼苏达大学
法　国 / 巴黎第十二大学
俄罗斯 / 莫斯科大学
俄罗斯 / 圣彼得堡大学
爱尔兰 / 爱尔兰国立大学
波　兰 / 华沙大学
……

学校2019年实践与国际课程周开幕式

学院2019年暑期国际交流营（UIP）

学生就业及发展情况

近年来，党和国家高度重视马克思主义理论人才培养，马克思主义理论专业毕业生就业状况良好。马克思主义理论本科专业的毕业生直博、保研率高；就业去向主要是在党政机关、大型企业、高等院校等单位从事马克思主义理论探索或治国理政实务工作。迄今为止，学院为各级党政机关、企事业单位等输送了一大批优秀人才，部分毕业生已经成长为知名专家学者、高校领导、大型国企负责人、省市政策研究部门和国家部委负责人等。

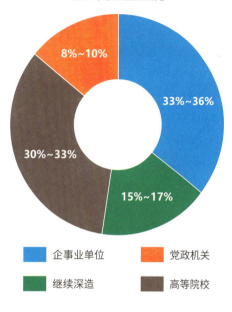

近三年学生就业去向

- 企事业单位 33%~36%
- 党政机关 8%~10%
- 继续深造 15%~17%
- 高等院校 30%~33%

联系方式

学院网址：http://mkszy.scu.edu.cn
联系电话：028-85996672 邢老师
　　　　　15528330695 王老师
电子邮箱：scumkszyxy@163.com
微信公众号：川大马院

31 体育学院
College of Physical Education, Sichuan University

历史概况与体育教育 》》》》》》》》》》》》

在四川大学悠久历史和厚重文化的积淀中,体育始终伴随川大成长而成为校史黄页中最令人炫动而深刻的那份记忆。

124年来,多少莘莘学子在运动场上挥汗如雨的青春如诗如歌地镌刻在他们老去的斑纹里不可磨灭,令人神往唏嘘。无论是有教会背景的华西协合大学及"洋为中用"的四川中西学堂,还是如今"三校合一"的新四川大学,百年师生,薪火相传,代代承袭,都有热爱体育运动之良好传统。对于铸就川大人的个性品质,完善他们的人格,培养他们的人文旨趣而最终形成川大精神,体育无疑是经久而不衰的最好催化剂。因为早

在1902年,四川大学的前身——四川高等学堂的第一位总理事胡峻就率先把"教育以德育为重,健康以体育为先,强健身体才能强国"作为办学育人宗旨。并且莆一上任,就开风气之先,设立了体育科,把体育纳入高等教育的范畴,德、智、体并重,倡导了一种崭新的教育理念,广受学界尊崇。1906年,共和国元帅朱德考入了体育科甲班。是体育,伴随他在这里完成了革命思想的启蒙教育;是伟人,让川大体育更具内蕴而绚丽夺目!

四川大学望江校区体育馆

在持续不断的改革实践中，近几年我校切实按照习总书记提出的"享受乐趣、增强体质、健全人格、锤炼意志"的四位一体的要求，形成"一游、二技、三跑、四赛"的体育课程目标。

现已开设包括击剑、激光枪射击、射箭、攀树、野外生存、防身自卫、普拉提等共46类体育项目的课程供学生选择，年均课门次达900门次。

课堂上以"身体素质+体育理论+运动技能技术+能力培养"为主线，强调"负荷量与快乐"并行，"知识与能力"并重，创造性地将"对学生的过程评价与结果评价"相结合，将"教师的教学评价与学生的效果评价"相结合，注重理论与实践相结合，生理体验与心理感受相结合。课堂外，以学生为主体，教师为主导，师生互动，利用现有场馆条件，采取系列激励和约束机制，以"引出来、动起来、乐不停、身心健"为指导思想，促进学生积极主动参与课外体育锻炼，切实促进课内与课外相结合、自练与竞赛相结合、观赏与参与相结合，加强体育课程思政建设，全面培养，使学生能学以致用，终身受益，坚持"体育是过程，运动是手段，健康是目标"。

野外生存技能实践课

水上生存技能课

射箭课程

攀树课程

体育馆内景

为保证该体系高效服务于全校师生，我们与相关软件服务公司协同设计开发了基于互联网+在MS系统下的多端口物联网模块化动态教学管理创高体育平台，以手机、PC、PAD等移动端为载体，兼容微信和其他运动软件，让每一个学生能够实时查看自身的运动数据，了解学校最新的体育课程学习、运动竞赛参与等管理办法，与老师在线互动、自动获得运动处方等，形成了一整套集教学、督导、反馈、场馆管理等多元一体的成果体系，教学、评价和管理都实现了全过程、即时性、立体化。成果惠及每一位川大学子，达到了"体育课堂有收获，课外时间有动趣，体育教育有内涵，体质增强见实效"的既定目标，有效地提高了学生的体质健康水平和体育参与积极性，并在体育运动中获得了包括意志品质、道德素养、团队协作和心理调适能力等方面的教育。

体育场馆与群体竞赛 》》》》》》》》》》》》

工欲善其事,必先利其器。一流的大学应有一流的体育场馆设施。近年来,学校先后斥巨资,充分把握举办大型运动会、改造老校区和建设新校区等机会,使我校的体育场馆设施发生了翻天覆地的变化。

江安校区田径场

学校体育场馆总建筑面积达32.8633万平方米(其中,室外面积约29.4万平方米,室内面积约2.6万平方米),共有各类体育场馆336个,总资产价值3.7亿元。包括:综合体育馆2座、风雨操场1个、网球馆1座(3块网球场)、室外游泳池5个、建设中的游泳馆2个,标准田径场4块、十一人制足球场8块、七人制足球场7块、篮球场43块、排球场20块、室外网球场28块、乒乓球场150块、羽毛球场64块、门球场3块,另有自由锻炼区3块等。学校的运动项目器材配备较为充足,现有各类教学、训练和比赛用运动器材2209件。上述优越的场馆设施条件为全校公共体育本科教学、群体竞赛和各类运动队训练工作的顺利实施提供了有力的保障。

四川大学三个校区的体育场馆设施,优先保证全校性的本科体育教学、课外体育训练和竞赛的需要,年均服务近4万学生,200万人次;其次保障各类校内重大活动和全民健身活动,年均服务师生员工300万人次;在此基础上分时段面向社会开放、实现场馆资源共享。

近十年,我校的体育场馆年均承接校内常规体育竞赛计划活动达16个项目,包括篮球、排球、足球、乒乓球、羽毛球、网球、棋牌、游泳、拔河、20人21足、太极拳、健身操、瑜伽、体育舞蹈、校园定向运动、学校田径运动会;年均承接全国性、省、市及企事业体育活动及赛事20项;年均承接全校性的开学典礼、毕业典礼、历年校庆、研究生招生、就业双选会、国际周开幕式等大型活动约10场;年均承接文体、科技、政治等大型活动约10场。

四川大学江安体育馆

体育代表队与俱乐部

我校高水平运动队和群体竞赛工作成绩近些年成绩显著,取得了诸多历史性突破。我校设有男子足球、女子排球、网球、田径、游泳5支高水平校运动队和网球、啦啦操、艺术体操等19支普通运动队。2018—2019年,各运动代表队累计获世界冠军1项,全国冠军22项,亚军16项,季军17项,省级大学生比赛冠军94项。涌现出王雅繁这样的世界级网球选手。在2019年"一带一路"成都—澳际国际大学生网球邀请赛中,我校网球代表队荣获男子团体项目(普通组)冠军。

我校体育俱乐部的数量近些年增长迅速,目前达到32个;各体育俱乐部会员人数也大幅度增加,总人数达到了8000多人,活动次数也明显增加,近三年年均举办校级活动50余场。

通过创新"三联三促"工作方案,与校团委、校工会、外联办联合,促进学生、教师、校友参与体育活动,共同构建立体化的校园体育模式,把工作重点之一放在致力于提高全校师生身心健康的初心和使命上,开展了丰富多彩的全校群体竞赛和主题校友及其他体育竞赛活动,并拿出稀缺和宝贵的场馆资源,派出学院优秀教练员利用业余时间给全校教职工提供免费辅导,直接受益人群超过6000余人。

网球比赛

网球高水平运动员王雅繁

女排运动员

高水平足球队

游泳队

"一带一路"网球国际邀请赛

2019年中国学生艺术体操锦标赛

联系方式

学院网址:http://pe.scu.edu.cn
联系电话:028-85990010
电子邮箱:tyxy2018@scu.edu.cn

32 空天科学与工程学院
School of Aeronautics and Astronautics, Sichuan University

周志成，**中国工程院院士**，**国际宇航科学院(IAA)院士**，卫星总体技术专家。现为中国航天科技集团科技委常委，航天五院总工程师，四川大学空天科学与工程学院院长，博士生导师，鸿雁全球卫星星座通信系统负责人。长期工作在卫星研制一线，主持研制成功十余颗应用卫星，历任"东方红四号""东方红五号"卫星平台总设计师，是我国通信卫星进入国际先进行列并打入国际市场的开拓者之一。获得"国家科学技术进步奖"一等奖2项、三等奖1项，"国家技术发明奖"二等奖1项，获得2018年度"何梁何利基金"奖励。

学院概况

四川大学是我国较早开始从事"航空宇航科学与技术"学科人才培养和科学研究的高等院校之一，1945年创办了四川大学航空系，在20世纪50年代的院系调整中，与清华大学航空系等院系共同组建成为北京航空学院，即现在的北京航空航天大学。

根据国家及国防科技工业中长期科技发展规划，针对未来航空航天工程领域发展和建设创新型国家的重大需求，结合国际航空宇航科学与技术学科及相关科技发展前沿，为了加快推进世界一流水平的研究型综合大学建设目标，整合校内相关优势资源，于2011年11月高标准复建了空天科学与工程学院，在江安校区新建航空航天及多学科交叉创新大楼面积达30000余平方米。

学院在"航空航天类（0820）"招收本科生，并开设"航空航天工程082001"和全国首批"飞行器控制与信息工程082008T"两个专业。

四川大学航空系历史记录"夜空女王"P-61

1951年四川大学航空工程学系学生人数档案

四川大学航空航天及多学科交叉创新大楼

培养特色

学院依托航空航天大类招生，以培养复合型航空航天创新人才为目标，在加强通识教育基础上开展宽口径专业教育，学生在入学一年后根据自己的志愿和专业兴趣选择在"航空航天工程"或"飞行器控制与信息工程"专业学习。通过专业课程学习、创新平台训练及企业实习实训等环节，培养学生扎实的专业基础知识、强烈的创新意识、宽广的产业视野和突出的实践动手能力。

学院实行六级个性化指导体系，全面落实全员育人、全程育人和全方位服务理念，特别是为每名本科生配备学业指导老师，实行一对一专业发展规划，学生可以在本科期间直接参与导师高水平的科研项目。

此外，学院教授及副教授参与本科教学率达100%，并定期邀请国内外航空航天领域的知名专家开设专题讲座，学生可近距离与学术大师面对面交流。

吴伟仁院士走进川大本科课堂

学生参加"探究式—小班化"研讨课程学习

咸发轫院士开启"空天大讲堂"暨"院士讲思政"活动

专业剖析

飞行器控制与信息工程

飞行器控制与信息工程专业依托四川大学长期从事飞行模拟、空天信息处理等技术的研究基础和四川省航空航天的产业聚集优势，是教育部特设的重点发展的新工科专业。本专业瞄准国家和国防科技发展对飞行器控制与仿真、探测与引导、空天信息处理等相关领域的重大需求，以数学、物理、电子信息与计算机等学科为基础，以智能空天教学实践中心、空天飞行模拟基地等作为教学和科研平台，培养专门人才，是航空航天领域极具发展潜力的特色专业。

航空航天工程

航空航天工程专业紧扣空天工程领域高端人才需求，结合学院在飞行器结构与机构学、空天推进与动力等学科方向突出优势特色，融合航空航天、机械、力学、材料等多学科理论知识，培养与空天有关的系统设计、技术开发、产品研制和科技管理等领域高端复合型人才。近年来，专业依托校、院、社会支持，建成"985工程"航空航天工程关键科技平台、空天体验与教学中心、智能空天技术大学生双创平台等创新实践平台，有力保障本专业人才培养质量。

教学实践中心

学科优势

学院专、兼职教师中共有特聘院士3人（中国科学院院士2人，中国工程院院士1人）、国务院学科评议组成员1人、国家级计划人才3人、教育部跨世纪人才和新世纪人才9人、何梁何利基金科技奖获得者4人、享受国务院政府特殊津贴专家11人、国家国防科技创新团队和教育部创新团队带头人3人；另有教授、研究员32人，副教授、副研究员和高级工程师等15人，讲师11人。其中，聘任中国航天科技集团周志成院士为学院院长、特聘院士；聘任诺贝尔物理学奖得主丁肇中担任学院名誉院长；聘任国防科技大学校长邓小刚院士为我院特聘院士；聘任中航工业集团飞机总设计师、中航工业集团有限公司副总经理杨伟院士为我院特聘院士。

学院科研实力雄厚，承担航空航天及相关工程领域的重点项目200余项，教师承担国家级项目覆盖率100%，先后获国家级、省部级科技奖励40余项。由学院组织建设的"四川大学智能空天技术大学生自主创新创业平台"是四川大学首批建设的6个"双创"平台之一。

学院本科生拥有走进实验、参与教师科研项目的畅通渠道。在入学之初，学院便安排新生赴成都飞机工业（集团）有限责任公司、中国空气动力研究与发展中心、中国人民解放军第5719工厂、空天基地等航空航天领域企事业单位参观、见习。从本科二年级下学期开始，平均每学期进实验室人均时长超过20学时。2019年8月，2016级学生生产实习期间，两个专业的学生分赴中国燃气涡轮研究院、北京卫星环境工程研究所、中国科学院空间应用工程与技术中心、四川川大智胜软件股份有限公司、中国人民解放军第5701工厂等圆满完成实习实践工作，首届毕业生中，4人被录取至相关实习单位深造。

学生参加创新创业竞赛获奖

学生参加创新创业实践
——飞机模拟驾驶

学生开展机场管制系统开发模拟

学生在中国航天科技集团第五研究院总装与环境工程部参加生产实习实践

国际化培养&国内合作交流

国际化培养方面,学院先后与美国佐治亚理工大学、普渡大学、德克萨斯州农工大学、匹兹堡大学,法国图卢兹大学,新加坡南洋理工大学以及澳大利亚国立大学等从事航空航天工程事业的国际著名院系建立了学术交流与合作关系。

国内合作交流方面,四川大学与中国航空工业集团公司正式签署了共建四川大学空天科学与工程学院的《中航—川大战略合作框架协议》,为空天学院又好又快地发展创造了良好条件。中国航天基金会及北京罗麦科技有限公司面向学院在校学生及教师捐赠设立"罗麦科技航天奖学金"。梁慧雯女士设立"四川大学健博助学金",用于资助学院家庭经济困难但品学兼优的本科生。

此外,学院与中国航空工业集团、航天五院、航天三院、航天七院、中国科学院空间应用中心、中国人民解放军第5701工厂等单位均建立起长期友好合作关系。

毕业去向

国(境)外深造院校
帝国理工大学
卡内基梅隆大学
纽约大学
……

就业主要方向
本科生就业单位多为航空航天领域的科研院所。如:
西安飞机工业(集团)
中国国际航空股份有限公司西南分公司
中国航发四川燃气涡轮研究院
……

联系方式

学院网址:http://saa.scu.edu.cn
联系电话:028-85402657 / 85408929 / 85402654
电子邮箱:hkht@scu.edu.cn
微信公众号:scusaa

Sichuan University - Pittsburgh Institute
MATRICULATION CEREMONY

时任国务院副总理刘延东出席匹兹堡学院揭牌仪式

33 匹兹堡学院
Sichuan University - Pittsburgh Institute

学院概况

　　四川大学匹兹堡学院是四川大学与美国匹兹堡大学合作成立的中外联合学院，是两所享有国际声誉的中美名校强强联合进行国际化办学的新模式，是教育部正式批准的中美大学合作机构层次的五所学院之一。学院于2011年开始筹建，2014年2月正式获得教育部批准，2015年9月招收第一批新生。

　　学院设置了工业工程、机械设计制造及其自动化、材料科学与工程3个专业，引入国际一流大学的办学理念、课程体系、师资力量及优质教育资源，融合两校的学术及教育优势，采用全英文授课方式，鼓励学生创新性学习、开放式讨论、独立性思维，提升学生的领导力、团队合作和创新思维能力，致力于培养具有宽广国际化视野、知识基础扎实与创新能力强、适应国际化竞争环境的工科人才与社会精英。

匹兹堡学生风采

培养特色 ⟫⟫⟫⟫⟫⟫⟫⟫

科学权威的培养方案。学院对标国际一流大学、一流专业,引入匹兹堡大学斯旺森工程学院经过全球工程教育质量认证标杆的美国工程与技术鉴定委员会(Accreditation Board for Engineering and Technology,简称ABET)认证的专业培养方案,依托学校及匹兹堡大学已有的教学资源,设置国际化课程体系,采用全英文教学方式,选用优质外文教材,为学生提供国际化视野及教学资源。

灵活多元的培养模式。学生在达到学术和语言要求后,可根据自身情况选择"2+2""3+1""3+1+1""4+0"的培养模式赴国外深造或在川大完成学业。其中,参加"2+2""3+1"模式毕业可获得四川大学毕业证、学士学位证及美国匹兹堡大学学士学位证,"3+1+1"模式毕业可获得四川大学毕业证、学士学位证及美国匹兹堡大学学士和硕士学位证,"4+0"模式毕业可获得四川大学毕业证、学士学位证。证书与四川大学和匹兹堡大学标准版本一致,无"中外合作办学"或"匹兹堡学院"字样。

匹兹堡学院培养模式

专业剖析 ⟫⟫⟫⟫⟫⟫⟫⟫

学院学生主要学习机械、材料及工业工程领域相关基础理论知识,使其具有开展实验研究及设计制造的能力,具有在相关专业领域中进行运行管理,并担任技术领导职位的能力。

机械设计制造及其自动化 ————————●

机械工程专业包括制造、力学、动力学、控制、设计、能源、材料等多个学科。机械工程师会和各种规格/尺寸的复杂系统打交道,从大型宏观量级(如发电厂、飞机和汽车)到小型微纳米系统(如细胞操作和药物输送流体装置),并可以轻松地与电气工程、化学工程、材料科学与工程、工业工程、航空航天工程和生物工程领域的专家交流互动。核心课程包括静力学与材料力学、机械工程设计制造、动力学系统、刚体动力学、机械设计、机械测量、应用热力学、应用流体力学等。

材料科学与工程 ————————●

材料科学是所有工程学科的基础,任何工程学科或专业都是材料科学的应用延伸。通过专业学习,毕业生不仅可以成为材料科学家或工程师,还可以在其他工程学科领域从事高级研发工作。核心课程包括材料结构与性能、材料热力学、结构与材料实验室、材料选择、相平衡、材料力学行为、材料电磁特性、晶体结构与衍射等。

工业工程 ————————●

工业工程是一个跨学科领域,侧重于设计、实施和优化包含材料、设备、流程、信息和组织的复杂工程系统。工业工程师的职责是为了提升综合系统的生产力和产品质量、降低生产成本,学科基础方面对数学要求较高。工业工程专业拥有工程学科领域最为广泛的就业前景,毕业后可在制造业、服务业、公共事业、科研院所、政府部门和事业单位从事教学、科研、管理及设计开发工作。核心课程包括工程管理、工程经济分析、设施布局与材料处理、人因工程学、供应链分析、运筹学等。

比较优势

双语启发式授课，提升语言应用与主动学习能力——学院聘用了逾60%的外籍教师，所开设的课程采用英文为主中文为辅、探究式—小班化教学模式，全方位提高学生的跨文化沟通交流及写作能力，培养学生的独立思考、团队协作和主动学习的习惯，为学生海外求学无缝转换打下坚实基础。

匹兹堡学院何伟老师人文讲座
——"上埃及地区的中国商人"

艾美奖得主Farland Chang教授
分享交流与演讲技巧

以贯通式人才培养为导向，全力推进高质量海外深造——在中国，读研究生(硕士)几乎已经成为本科教育的自然延伸，也是匹兹堡学院对学生培养的基本方针。本学院2019届首届毕业生赴海外深造的有60人，海外一流大学深造率超过72%。2020届毕业生赴海外深造的有86人，占比逾71%。

匹兹堡学院2019届学生毕业典礼

匹兹堡学院联合培养学生毕业典礼

全面对标国际化培养体系，建立跨院校学分互认机制——学生在匹兹堡学院修读的学分可无缝转接匹兹堡大学系统，保证联合培养模式下的学分转换机制顺畅，学院正积极拓展与欧洲、大洋洲和亚洲一流院校之间的学分互认机制。

匹兹堡大学工程教育研究中心教授
在我院做课堂观察

匹兹堡大学Larry Feick教授
分享专业发展前景

英语写作中心教授与学生开展头脑风暴

全过程多维度支持体系，助推学生"全人发展"——学院关注学生自身的发展规划，从入学适应、学业规划、就业深造等方面提供全过程、多维度的系统性支持，保障"全人培养"的过程质量。其中包括：设置学业与同辈导师制；建立学业帮扶体制；打造全过程教学质量监控与保障体系；同时，由来自哈佛大学、耶鲁大学、布朗大学、牛津大学、普林斯顿大学、哥伦比亚大学、加州大学洛杉矶分校的特色英语写作中心和升学指导办公室为学生提供高质量、国际化、专业化的英语能力教育和留学深造指导。此外，预计2021年竣工的四川大学江安国际校区匹兹堡学院大楼（现代工学互动教学中心项目）按照世界一流标准打造，为教学科研提供硬件支持。

升学指导办公室老师对学生
进行个性化辅导

匹兹堡学院大楼效果图

四川大学"新生杯"英语写作大赛（匹兹堡学院主办）获奖选手合影

国际化培养

学生在院期间，除通过"2+2""3+1""3+1+1"模式赴海外学习外，也享有暑期项目、校企合作实习等国际交流机会。除美国匹兹堡大学外，四川大学匹兹堡学院先后与美国俄亥俄州立大学、英国玛丽女王大学、日本早稻田大学、澳大利亚莫纳什大学等国际知名院校建立了学术交流与合作关系，为学院工程类专业人才培养提供了良好的学习条件和实践保障。

匹兹堡学院i-Life智慧工坊

匹兹堡学院校企合作公司（Stratasys公司）相关人员参观i-Life智慧工坊

匹兹堡学院"SCUPI Derby"小车竞赛

国（境）外深造

匹兹堡学院学生境外深造学校包括斯坦福大学、剑桥大学、加州大学伯克利分校、康奈尔大学、密歇根大学安娜堡分校、卡内基梅隆大学、宾夕法尼亚大学、杜克大学、西北大学、哥伦比亚大学、南加州大学、纽约大学、佐治亚理工学院、弗吉尼亚理工学院、伊利诺伊大学香槟分校、威斯康星大学麦迪逊分校、宾夕法尼亚州立大学、俄亥俄州立大学、华盛顿大学、明尼苏达大学、匹兹堡大学、凯斯西储大学、伦敦大学学院、华威大学、墨尔本大学、悉尼大学、莫纳什大学、早稻田大学、南洋理工大学等。

联系方式

学院网址：scupi.scu.edu.cn
联系电话：028-85990100
电子邮箱：scupi@scu.edu.cn
微信公众号：四川大学匹兹堡学院

34 国际关系学院
School of International Studies, Sichuan University

学院概况

四川大学政治学学科建设可追溯至1906年,学科历史底蕴深厚。四川大学国际关系学院是培养相关专业高层次专门人才、开展国际问题研究、推进国际交流合作的重要基地,由国务院前委员戴秉国同志担任名誉院长。四川大学国际关系学院目前设有国际政治系,有多个国家级及省部级科研平台作为教学的有力支撑。

学院积极拓展与牛津大学、剑桥大学、俄罗斯科学院远东所等高校和研究机构的交流和合作,与相关学科、研究机构和学院构建了交叉协同的网状构架,共同围绕政治学理论、中国政府与政治、"一带一路"建设、南亚和周边国家关系、中欧关系、中美关系、中俄印关系、边疆安全与发展等重大问题,开展跨学科、跨学院、跨学校、跨部门的合作研究,发挥在战略研究、资政建言、舆论引导、社会服务和公共外交等方面的重要作用。

2017级、2018级学生合影

培养特色

学院拥有一支爱岗敬业、关爱学生、潜心教学科研的高水平师资队伍，并与波兰华沙大学国际关系学院、斯洛文尼亚卢布尔雅那大学国际关系学院等海外知名院校建立国际政治专业人才培养伙伴关系，逐步打造高水平全英文教学体系。学院设有边疆政治学博士点、政治学一级学科硕士点，正在申报政治学一级学科博士点；拥有十多个国别问题研究中心等人才培养和科学研究平台，以及多个高端、通畅的国际交流合作渠道。学院积极探讨小班化教学模式，生师比位于全校前列，注重培养学生独立思考能力、批判思维以及全球视野。学院资料室拥有丰富的政治学类和相关专业藏书，以及先进的教学科研设施，拥有多个大学生创新创业实践教育基地及全球实习基地。

学院新生开学典礼

我院首届国际交流营活动

专业剖析 》》》》》》》》》》》》》》》》》》》》》》》

国际政治专业 ——

国际政治专业聚焦中国大国成长中的国际国内重大政治问题,充分发挥国家高端智库中国南亚研究中心及多个省部级科研平台的支撑作用,已成为政治学基础理论、国别区域研究(南亚、欧美俄等),以及中国西部边疆研究的重镇,科学研究成果及其社会影响力不断扩大。在强化科学研究的同时,着力建设新型高端智库。2012年以来,学科共报送决策咨询报告近390份,其中近30份获中央政治局常委重要领导批示,在智库建设和资政服务方面成绩斐然。形成了《南亚研究季刊》《南亚地区发展报告》《西部发展研究》《非传统安全蓝皮书》《华西边疆评论》和《热点透析》多层次办刊格局,支撑学科发展,推动学术繁荣。

国务院前委员戴秉国同志作为名誉院长出席国际关系学院揭牌仪式并与同学交流

国务院前委员戴秉国同志与我院学子交流

比较优势 >>>>>>>>>>>>>>>>>>>>

学院拥有中国南亚研究中心(国家高端智库)、南亚研究所(教育部人文社会科学重点研究基地、教育部国别与区域研究培育基地)、欧洲问题研究中心(教育部国别与区域研究培育基地、"让-莫内最佳欧洲研究中心")、美国研究中心(教育部国别与区域研究培育基地)、当代俄罗斯研究中心(教育部中俄人文合作工作机制框架内下设中心)、巴基斯坦研究中心(与巴基斯坦政府共建)、中国西部边疆安全与发展协同创新中心(四川省2011协同创新中心)、"一带一路"教育协同创新中心(与成都市政府共建)、"一带一路"研究院等研究机构。政治学科拥有教育部长江学者1名,拥有教育部新世纪优秀人才2名,教育部政治学教学指导委员会成员

1名。多次获得省部级教学及科研成果奖。根据2019年上海软科排名,四川大学政治学科排名第19位。

学院与外交部、中国社科院及国内外知名高校相关学科建立密切合作关系,在教学、研究和国际交流工作中得到外交部相关部门的指导和支持,承担外交部的研究课题并提供决策咨询建议。学院在外交部亚洲司、边海司的支持下,积极开展针对国家重大问题的研究与对外交流工作,建立中印高级别二轨对话机制、中印边界问题研究平台及中俄"两河流域"高校及智库联盟等。2016年,南亚研究所与西部边疆安全与发展协同创新中心入选首批中国智库索引(CTTI),2018年入围中国高校百强A级智库。

法国驻成都总领事到我院作讲座

斯里兰卡总统外事秘书、前海军司令到我院作讲座

国际化培养 》》》》》》》》》》》》

学院坚持"请进来"与"走出去"并重,"双翼化"发展。学院有一支来自美国、英国、法国、俄罗斯、印度、斯里兰卡等国的外籍教师队伍,助力学院打造全英文课程及提升学院国际化水平。学院每年举办的涉外讲座近百场,为全校最多。学院面向全球招收留学生及交换生,目前已接收来自俄罗斯、波兰、斯洛文尼亚、保加利亚、澳大利亚、印度尼西亚、巴基斯坦、阿富汗等地的留学生到

我校攻读学位。学院积极拓展与世界一流大学及科研机构的合作,已与波兰华沙大学、斯洛文尼亚卢布尔雅那大学、日本京都大学、韩国延世大学、印度尼赫鲁大学、中国香港理工大学等国际国内知名高校以及印度三军协会、斯里兰卡探路者基金会等智库建立合作关系,以交换生项目、全球实习基地、"大川视界"大学生海外访学计划等平台为推手,努力提升学生的全球认知,拓展学生的国际视野。

我院学生赴澳门城市大学参加实习活动

以色列爱丽尔大学教授到我院作讲座

亚利桑那州立大学副校长到我院作讲座

美国乔治·华盛顿大学教授到我院作讲座

我院学生赴韩国参加为期15天的2019中日韩"Serve Initiative"项目

美国艾奥瓦州立大学教授到我院作讲座

毕业去向 >>>>>>

国（境）外深造院校

牛津大学

利兹大学

乔治·华盛顿大学

华沙大学

卢布尔雅那大学

尼赫鲁大学

旁遮普大学

……

主要就业方向

我院毕业生主要就业方向为选调生、各党政机关及事业单位。

我院学子暑期遵义红色行

部分优秀校友 >>>>>>

李红梅

2015届硕士，已参与部分国家课题，协助外交部欧亚司举办第三届亚信非政府论坛，并向北京有关部门提交了4份内参，已在相关领域发表了近10篇论文和数篇媒体约稿文章。现就职于上海国际问题研究院国际战略研究所，从事南亚、国际关系理论研究。

丁忠毅

2007届学士，四川大学国际关系学院教授，硕士研究生导师，主持国家社科基金项目1项，主持完成教育部等省级课题5项，在《民族研究》《思想战线》《社会科学战线》《四川大学学报（哲学社会科学版）》等期刊发表论文30余篇，在中国社会科学出版社出版个人专著1部，获得全国第四届民族研究优秀成果二等奖1项，获得省级哲学社会科学优秀成果三等奖5项。入选四川大学"杰出青年人才"培育项目。曾任国际政治系主任，现任四川大学纪委监督检查室主任。

王隆文

2010届学士，现任四川大学中国西部边疆安全与发展协同创新中心、国际关系学院特聘副研究员。获得省部级科研奖2项，在《湖北民族学院学报（哲学社会科学版）》《日本问题研究》等期刊发表论文10余篇，研究成果先后获国家民委全国民族问题研究优秀成果（论文类）三等奖、重庆市人民政府发展研究奖三等奖。

宗民

2010届学士，现为中国人民大学应用经济学博士后研究人员。青年作家，中国作家协会会员。著有长篇历史小说《顾维钧在"九一八"》，及学术专著《正义简史》《条约中的近代中国》。

李林壕

2009届学士，曾担任四川大学学生会副主席，现为绵阳艾斯教育集团总裁、韩国又松大学校长助理。

王印螺

2010届学士，参与国家社科基金、教育部课题，多年从事中国与新加坡两国教育交流。现就职于北京中医药大学国家中医国际传播中心（国家汉办中医药文化基地），从事中医药文化国际传播、全球中医特色孔子学院中方合作院校联盟秘书工作，参与接待联合国人民理事会主席、联合国NGO主席、马达加斯加祖将军等外国政要。

余伟

2011届硕士，目前担任中建三局西南区域分公司党委副书记、纪委书记、工会主席一职，公司为西南四省发展建设了一大批促民生、推发展的工程。个人曾获评局先进个人、公司优秀党员，获得重庆市劳动竞赛"先进个人"等荣誉。

李启迪

现任工业和信息化部中小企业局交流合作处二级调研员，负责中德、中欧、中韩、APEC、"金砖"等框架下中小企业领域双多边合作机制性工作，组织支持中小企业参与"一带一路"建设专项行动，指导中外中小企业合作区建设，组织主办第48次APEC中小企业工作组会、中国国际中小企业博览会等。

任强

2008届硕士，先后在中国香港特别行政区政府、成华区地税局、成都市地税局和四川省统计局等单位任职。熟悉政府经济领域主管部门工作，撰写税收征管、统计分析类文章数十篇，参与编撰《四川统计年鉴》等工作。现为四川省统计局人口就业处副处长。

钟梓欧

2012届学士，从北京大学获得硕士学位后，放弃了优越的工作生活条件，积极申请到南疆乡镇工作。先后担任阿图什市阿扎克乡副乡长、阿图什市团委书记，并在平均海拔2800米、边境线长400多公里的西陲第一乡——吉根乡担任乡党委书记。现任新疆克孜勒苏柯尔克孜自治州阿克陶县皮拉勒乡党委书记。

联系方式

学院网址：http://sis.scu.edu.cn/

联系电话：028-85470809

电子邮箱：iss@scu.edu.cn

微信公众号：川大国关

网络空间安全学院大楼

35 网络空间安全学院
College of Cybersecurity, Sichuan University

学院概况 〉〉〉〉〉〉〉〉〉〉〉〉〉

　　网络安全是国家安全的重要组成部分,没有网络安全就没有国家安全。四川大学自20世纪90年代中期即开展网络与信息安全专业和方向的人才培养与科学研究工作。网络空间安全学院成立于2016年,在全国招收首批网络空间安全专业的本科生、硕士生和博士生。2017年9月四川大学成功首批入选"一流网络安全学院建设示范项目高校"。

　　学院设网络安全系、信息安全系和网络安全实验中心,现有专职教师40余人,90%以上具有博士学位和海外留学经历,具有高级职称的占70%。学院现有网络空间安全一个本科专业,在校本科生500余人,硕、博士研究生近300人。

　　学院力争经过10年的努力建成国内公认、国际上具有影响力和知名度的网络安全学院。

四川大学被评为"一流网络安全学院建设示范项目高校"

培养特色

　　网络安全人才缺乏已经成为全球性问题。网络安全人才培养已经成为国家安全的战略需求。四川大学网络空间安全学院从成立之初就确定了创一流网络空间安全学院的目标。网络空间安全专业培养德才兼备，具有家国情怀、深厚的人文底蕴、扎实的网络空间安全专业知识、强烈的创新意识、宽广的国际视野的国家网络安全行业的栋梁和社会精英。

　　借鉴临床医生的培养模式，学院提出了"网安医生"培养模式，理论实践并重。为增强学生的网络安全实战能力，学校投资近2000万元建成国内高校中规模最大、功能最为完善的网络靶场，成为学生校内实习的"网安附属医院"。同时还与国内知名的网安企业联合建立了多个各具特色的"网安附属医院"，成为校外实习实训的基地。

　　学院实施网络安全卓越人才计划，双导师制、以赛促学、以研带学，实施个性化培养。学院还通过和国际知名大学合作，培养学生的国际化视野，提升国际竞争能力。

网络靶场——靶场指挥室

网络靶场—攻防演练大厅

探究式—小班化课堂教学

网络安全专业实验室

专业剖析

　　基于计算机技术和信息技术的网络空间安全问题已经广泛地深入到人们日常生活的各个方面，同时对国家的政治、经济、军事等领域也产生了重大影响。目前，我国网络安全人才缺口已达百万，为此2015年国家新设网络空间安全专业进一步加快网络安全人才培养。网络空间安全学院在全国首批招收该专业本科生。首届毕业生于2020年毕业，国内外深造率为52%，就业率为97%。

　　专业核心课程有数据结构与算法、网络安全数学基础、操作系统及安全、计算机通信与网络、数据库及安全、应用密码学、网络空间安全理论与技术、网络攻防、渗透测试技术、恶意代码分析、信息内容安全、网络空间治理等。

学院优势

四川大学网络空间安全学院的学科发展有力支撑着专业建设，学院拥有网络空间安全博士后流动站、一级学科博士授权点、国家网络空间安全人才培养基地；建有网络空间安全研究院、计算机网络与安全研究所、网络与可信计算研究所和信息安全研究所等特色研究机构。

学院在基础理论研究、技术应用和产业化方面都取得了显著的成绩。制定国家标准8项，授权发明专利百余项。获得国家科技进步二等奖2项，省部级奖10余项，部分成果列入国家科技成果重点推广计划、国家重点火炬计划、中国人民解放军重大装备计划等。作为国家网络与信息安全信息通报中心技术支持单位，已向国家网络与信息安全信息通报中心、国家信息安全漏洞库（CNNVD）、国家信息安全漏洞共享平台（CNVD）、360补天漏洞响应平台等信息安全组织与机构，提供了大量有价值的 0day 漏洞，受到国家有关部门的嘉奖。

作为首批"一流网络安全学院建设示范项目高校"，国家每年专项投入1000万元、中国互联网基金会投入1000万元设立了"四川大学网络安全人才培养基金"，用于学科建设和人才培养工作，奖励优秀教师和学生。

学院立足于国家战略需求，依托四川大学多学科交叉融合和区位优势，通过建设一流的前沿技术研究中心、高水平成果转化推进平台和高端国际合作与交流平台，打造师资队伍建设和人才培养特区，实现人才培养与产业发展的深度融合，努力建成一流的网络空间安全学科，成为一流网络安全人才培养、高水平科学研究、成果转化和产业发展的高地，为建设网络强国、维护国家网络安全和促进相关产业发展提供有力的支撑。

国际化培养

学院积极与国际接轨，开展国际化教学，培养学生的国际化视野。学院同新加坡国立大学、以色列特拉维夫大学、俄罗斯总统学院等大学建立了学生交流项目，并设立专项基金支持学生出访。教学中，对主要核心课程采用英文原版教材进行全英文或者双语教学，邀请国内外网络安全知名专家举办学术讲座；与国内知名网络安全企业共建"网络安全附属医院"，开设实践应用型课程。学院设立专项经费支持学生的创新创业实践。学院科研团队吸引本科生参加科研项目，培养学生的科研能力。

境外深造院校：新加坡国立大学、日本早稻田大学、澳大利亚昆士兰大学、英国曼彻斯特大学等。

"产、学"合作育人

企业实训

国际交流

竞赛获奖

主要就业单位 〉〉〉〉〉〉〉〉〉〉〉〉〉〉〉

百度、阿里巴巴、华为、腾讯、字节跳动、深信服、安恒信息、奇虎360等互联网和网络安全企业;中国工商银行、招商银行、浦发银行等金融机构;国防、政府部门等。

联系方式

学院网址:http://ccs.scu.edu.cn
联系电话:028-85410907 / 19182037372
电子邮箱:ccs@scu.edu.cn
微信公众号:scu_ccs

36 哲学系

School of Aeronautics and Astronautics, Sichuan University

学院介绍

本专业历史追溯自1902年,后于1959年重建,为当时国内仅有的7个哲学系之一。2006年,获一级学科硕士点授权;2008年,被批准为四川省一级重点学科;2009年获评国家级特色专业,是文科"基础学科人才培养基地";2010年获一级学科博士点授权。于2019年哲学系复系60周年之际,因应学校繁荣发展哲学社会科学学科的总体规划,正式成为四川大学独立的院级系。

哲学系独立建系,在学科显示度上巩固和提升了四川大学人文传统优势,专注哲学专业的本科教育发展,近年拓展了包括"拔尖计划"和"强基计划"在内的各层级专业培养方案。

哲学系始终坚持立德树人的宗旨,通过"本、硕、博"贯通式培养模式,构建"全面发展—个性化—精英化"多层次的人才培养体系。依托强大的师资队伍、健全的教研机构(团队)、良好的学术环境、完善的课程体系结合实践、实训教学和国际化培养项目,立足学术前沿、服务国家战略需求,培养基础性、贯通式和拔尖创新并重的人才。

培养特色

    培养中注重学术与立德树人结合。教学以"全过程学业评价"和"非标准答案考试"等方式,以原著研读为教学核心,对学生进行浸润式、启发式教学,使之从中认识到学术传统的价值。

    科研前沿与教学实践结合,深化教学改革。发挥本系教研团队的科研优势,100%"探究式—小班化"教学,依托"第二课堂"形式,形成具有社会影响力的研讨班传统,为学生营造学术人文氛围。

    交叉学科视野与社会实践结合。配合授课的交叉学科相关内容建设实习基地,引导学生以所学结合地方建设的实际。

    中国本位的问题意识与国际交流结合。基于与海外知名大学的合作,以举办讲座、办学、办刊等多种形式创造条件,引导学生参与国际交流。

专业剖析 〉〉〉〉〉〉〉〉〉〉

本专业涉及哲学学科门类下属8个二级学科的研究基础性知识领域,培养方案的核心课程以哲学史和导论类课程为基础,以哲学原著研读类课程提升学生综合能力,旨在培养具有人文关怀和思辨精神、掌握扎实的中外哲学专业知识、经过严格思维训练的人文类专业人才。

毕业生可运用所学知识和技能,在政府、企事业和其他单位从事理论探索、教育教学、管理咨询等方面的工作。本专业以古希腊哲学、德国古典哲学为特色专业方向,结合实践哲学与科技哲学的专题研究,在国内学界具有突出地位。毕业生发展去向多元化,主要在党政机关及高校,用人单位的反馈信息佳。作为四川省马克思主义哲学史学会和四川省哲学学会的会长单位,本系积极引领四川地区哲学社会科学教研的自我提升,充分发挥哲学社会科学在地方建设中的作用,依托系属伦理学研究中心及古典所,结合两个校级实习基地,以推荐专家及智库等灵活形式参与地方普法宣传、文化建设,享誉川内。

国际交流 〉〉〉〉〉〉〉〉〉〉

与法国巴黎第一大学、里尔大学及英国的利兹大学、南安普顿大学及中国港台等多所高校建立合作关系。本科生参与国际交流的比例占本专业全本科生的3%,并呈逐年上升趋势。同时,哲学系为进入珠峰计划"拔尖班"和强基计划的学生提供国际化交流经历全覆盖的学习机会。

邀请国际哲学研究领域知名专家作为讲座教授,专为本科生开设系列讲座和课程。哲学系专聘全职外教1名,外籍讲座教授1名,高端外籍教授1名。近三年到校讲学外籍专家7人,其中安若澜教授(巴黎一大-先贤祠-索邦)曾于2014年获评国家外专局"高端外国专家"荣誉称号。

毕业去向 》》》》》》》》》

国（境）外深造院校

　　毕业生可以选择继续考研读博深造，其中既有到北京大学、中国人民大学、复旦大学、中山大学等"双一流"大学继续深造的同学，也有到美国、英国、法国、德国、日本、新加坡等国际名校联合培养或留学的同学。境外深造院校包括纽约大学、普林斯顿大学、匹兹堡大学、圣安德鲁大学、鲁汶大学、巴黎第一大学、里尔大学、慕尼黑大学、海德堡大学、耶拿大学、莱顿大学等。

主要就业方向

　　哲学专业毕业生就业去向稳定。选择就业的大多进入国家机关公务员队伍、央属国企、省属国企等从事相关文教工作。

部分优秀校友 》》》》》》》》》

张　可

1981级四川大学哲学系本科生。现任中国太平保险集团有限责任公司、中国太平保险集团（香港）有限公司首席战略顾问，兼任太平人寿保险有限公司副董事长。

李国山

1988级四川大学哲学系研究生。现任南开大学哲学院教授、博士生导师。

刘筱柳

1996级四川大学哲学系研究生。现任成都市政府副市长、党组成员。

陈　硕

2000级四川大学哲学系本科生。从事导演工作，为《舌尖上的中国》系列片分集导演。

联系方式

学院网址：http://zxx.scu.edu.cn/
联系电话：028-85413870
电子邮箱：zxxscu@163.com
微信公众号：思问哲学

四川大学2020年普通类本科招生章程

第一章　总　则

第一条　为了保证学校普通本科招生工作的顺利进行，规范招生行为，根据《中华人民共和国教育法》、《中华人民共和国高等教育法》等相关法律以及《国务院关于深化考试招生制度改革的实施意见》和教育部普通高校招生工作有关规定，结合四川大学招生工作实际情况，贯彻教育部依法治招工作要求，特制订本章程。

第二条　学校名称：四川大学（国标代码10610），英文译名：Sichuan University，上级主管部门为中华人民共和国教育部。办学层次及类型为全日制公办本科。颁发证书：在规定的年限内达到所修专业毕业要求者，颁发四川大学本科毕业证书；符合学校学位授予有关规定者，颁发普通高等教育本科毕业生学士学位证书。

第三条　四川大学是教育部直属全国重点大学，是国家布局在中国西部的重点建设的高水平研究型综合大学。2017年入选国家世界一流大学建设A类高校。

四川大学由原四川大学、原成都科技大学、原华西医科大学三所全国重点大学经过两次合并而成。原四川大学起始于1896年四川总督鹿传霖奉光绪特旨创办的四川中西学堂，是西南地区最早的近代高等学校；原成都科技大学是新中国院系调整时组建的第一批多科型工科院校；原华西医科大学源于1910年由西方基督教会组织在成都创办的华西协合大学，是西南地区最早的西式大学和国内最早培养研究生的大学之一。

四川大学地处中国历史文化名城——"天府之国"的成都，现有望江(成都市一环路南一段24号)、华西(成都市人民南路三段17号)和江安(成都市双流区川大路)三个校区，学生在校期间将在相应校区就读。

第四条　四川大学将全面贯彻国家法律法规、教育部有关招生工作的文件精神，遵循公平竞争，公正选拔，公开透明的原则，大力推进招生阳光工程，为国家和学校选拔优秀人才。四川大学普通高考招生工作接受新闻媒体、考生及其家长以及社会各界的监督。

第二章　组织机构及职责

第五条　四川大学深入贯彻落实党的十九大精神，以习近平新时代中国特色社会主义思想为指导，紧紧围绕统筹推进"五位一体"总体布局和协调推进"四个全面"战略布局，坚持和加强党的领导，全面贯彻党的教育方针，落实立德树人根本任务，选拔和培养德智体美劳全面发展的社会主义建设者和接班人。设置招生委员会，并吸纳教师、学生及校友代表担任委员，充分发挥其在民主管理和监督方面的作用。

全面落实《国务院关于深化考试招生制度改革的实施意见》，发展素质教育，促进教育公平，科学选拔人才，确保高校考试招生公平公正和规范有序。设置由校长、相关校领导和有关部门负责人组成的招生工作领导小组，负责研究和制定本科招生重大政策，讨论和决定招生工作中的重大事宜。招生工作领导小组办公室设在招生办公室，负责本科生招生工作的组织实施和日常工作。

第六条　四川大学本科招生工作在学校纪检监察部门的监督下进行。

第三章　招生计划

第七条　在教育部核定的年度招生计划规模内，按照"优化生源结构、促进教育公平"的原则，认真落实各类专项计划，努力促进区域和城乡入学机会更加公平。统筹考虑各省（直辖市、自治区）报名人数、生源质量、毕业生就业情况及国家经济社会发展需求、学校发展规划等因素，确定分省分专业计划，由各省级招生主管部门向社会公布。预留计划为本校总计划的1%，用来调节各地统考上线生源的不平衡。分省分专业招生计划、选考科目等要求以各省级招生机构公布的为准。

第四章　录取规则

第八条　四川大学根据各省（直辖市、自治区）生源情况确定提档比例，按照顺序志愿投档的省份（批次），调档比例原则上控制在各省公布计划的120%以内；按照平行志愿投档的省份（批次），调档比例原则上控制在各省公布计划的105%以内。平行志愿的省份（批次），若计划未完成则按照省级招生考试机构的统一安排在本科第一批次线上征集志愿，如征集志愿仍不能完成计划，则将剩余计划撤回。非平行志愿的省份（批次）四川大学优先录取第一志愿的考生，对非第一志愿进档的考生只能录取到一志愿未满额的专业。四川大学在内蒙古自治区执行"分数清"录取规则。

第九条　对进档考生的录取规则，根据分数优先的原则，按照投档成绩从高到低进行专业安排和录取。考生所有专业志愿都无法满足时，若服从专业调剂，则根据考生投档成绩从高分到低分调剂到其他未能录取满额的专业，若不服从专业调剂，作退档处理。会计学（ACCA）专业不进行调剂录取。

第十条　进档考生同分的排序规则。若投档成绩中已显示了各省的排序规则，则按照各省的排序规则执行；若投档成绩中没有各省的排序规则，投档成绩相同，语文+数学+外语的成绩总和高者优先；若语文+数学+外语成绩总和相同，依次按照语文、数学单科成绩高者优先录取。

第十一条　对于高考综合改革试点省份，四川大学按照生源所在省级招生机构公布的选考科目和录取办法执行。

第十二条　四川大学严格执行国家规定的加、降分政策，认可各省（直辖市、自治区）按照国家政策性加分以后形成的投档成绩，并作为录取和安排专业的成绩依据。但所有高考加分项目及分值不适用于不安排分省分专业招生计划的招生项目。

第十三条　外语类专业要求英语或本专业语种，其他专业我校不限制考生应试外语语种，但考生进校后均以英语为第一外语安排教学。

第十四条　口腔医学专业由于学习、就业的特殊性，习惯左手做事（俗称左撇子）的考生谨慎报考。

第十五条　四川大学匹兹堡学院，引入了国际一流大学的办学理念、课程体系、师资力量及优质教育资源。工业工程（中外合作办学）、机械设计制造及其自动化（中外合作办学）、材料科学与工　程（中外合作办学）专业学费6.5万/年，入校后只允许在匹兹堡学院内申请转专业。

第十六条　护理学专业入校后不能转专业。

第十七条　对考生身体健康状况的要求，四川大学执行教育部、卫生部、中国残联下发的《普通高等学校招生体检工作指导意见》等有关规定。

第十八条　新生入学后，根据《普通高等学校学生管理规定》（教育部令第41号）文件精神，根据四川大学学籍管理规定相关要求，进行新生入学复查工作。考生须诚实守信，凡复查不合格者，学校将按照相关规定进行处理，直至取消入学资格。

第五章　收费标准及其他

第十九条　按照属地化原则，四川大学按四川省物价局核定的收费标准收取学费和住宿费等，在公布招生计划的同时公布收费标准。

第二十条　家庭经济困难的新生，入校前可持有关证明在当地申请办理国家助学贷款或在入校后向学生工作部申请办理贷款、学费缓交等手续。

第六章　招生工作人员

第二十一条　四川大学选拔能模范遵守国家有关招生政策法规的教师和干部参加招生宣传和招生录取工作。招生工作人员均须参加学校组织的招生政策法规和业务培训，签订《四川大学招生录取工作人员责任承诺书》。

第七章　附　则

第二十二条　四川大学对保送生、强基计划、高水平运动队、艺术类和高校专项（励志计划）等特殊类型招生事宜，按照教育部有关特殊类型招生工作要求另行制定相关招生简章。

第二十三条　我校按照教育部相关规定招收少数民族预科班，招生计划以当年公布的为准。预科阶段在四川大学就读，其间不分专业；预科阶段学习结束后，对于预科结业考核合格者，学校根据预科阶段学业成绩及表现，结合学生志愿确定专业，转入本科阶段学习。

第二十四条　四川大学在江苏省理工类专业选测科目为物理，文史类专业选测科目为历史，选测等级要求为AA以上(含AA)，录取办法采用等级级差法，级差分为A+的加6分。

第二十五条　本章程自教育部核准公布之日起执行，如遇国家法律、法规、规章和上级有关政策变化，以变化后的规定为准。

第二十六条　本章程通过四川大学本科招生网和教育部阳光高考信息平台向社会发布，对于各种媒体节选公布的章程内容，如理解有误，以我校公布的完整的招生章程为准。

第二十七条　四川大学招生咨询联系方式

　　　　四川大学地址：

　　　　（望江校区）成都市一环路南一段24号　邮编：610065

　　　　（华西校区）成都市人民南路三段17号　邮编：610041

　　　　（江安校区）成都市双流区川大路　　　邮编：610207

　　　　招生咨询电话：028-86080605、028-86081605　传真：028-85408370

　　　　招生咨询邮箱：zs@scu.edu.cn

　　　　四川大学本科招生网网址：http://zs.scu.edu.cn

　　　　四川大学本科招生微信公众号：四川大学本科招生

第二十八条　本章程由四川大学招生办公室负责解释。

四川大学2020年本科招生专业目录

学院名称	专业名称	科类	授予学位	学制	学费	备注
艺术学院	美术学	艺术类	艺术学学士	四年	9600	具体要求及录取规则请查阅《四川大学2020年美术、编导类本科招生简章[美术类、广播电视编导专业]》
	绘画	艺术类	艺术学学士	四年	10000	
	视觉传达设计	艺术类	艺术学学士	四年	10000	
	环境设计	艺术类	艺术学学士	四年	10000	
	中国画	艺术类	艺术学学士	四年	10000	
	书法学	艺术类	艺术学学士	四年	7200	
	广播电视编导	艺术类	艺术学学士	四年	12000	
	音乐表演(声乐)	艺术类	艺术学学士	四年	12000	具体要求及录取规则请查阅《四川大学2020年表演类本科招生简章[舞蹈表演、音乐表演(声乐)专业]》；报考我校舞蹈表演专业的考生，男生身高不低于1.75米，女生身高不低于1.68米。我校舞蹈表演专业招收除拉丁舞、街舞以外的舞种。
	舞蹈表演	艺术类	艺术学学士	四年	12000	
经济学院	金融学类	理工类	经济学学士	四年	4440	含金融学、金融工程
	经济学类	文理兼收	经济学学士	四年	4440	含国际经济与贸易、经济学、国民经济管理、财政学
国际关系学院	国际政治	文理兼收	法学学士	四年	4440	
法学院	法学	文理兼收	法学学士	四年	4440	
文学与新闻学院	汉语言文学(基地班)	文史类	文学学士	四年	4440	
	中国语言文学类	文理兼收	文学学士	四年	4440	含汉语言文学、汉语国际教育
	新闻传播学类	文理兼收	文学学士	四年	4440	含新闻学、广告学、网络与新媒体
外国语学院	英语	文理兼收	文学学士	四年	4440	外语类专业要求英语或本专业语种考生报考
	日语	文理兼收	文学学士	四年	4440	
	俄语	文理兼收	文学学士	四年	4440	
	法语	文理兼收	文学学士	四年	4440	
	西班牙语	文理兼收	文学学士	四年	4440	
历史文化学院(旅游学院)	历史学(基地班)	文史类	历史学学士	四年	4440	
	历史学类	文理兼收	历史学学士	四年	4440	含历史学、考古学、文物与博物馆学
	旅游管理类	文理兼收	管理学学士	四年	4440	含旅游管理、会展经济与管理
哲学系	哲学	文理兼收	哲学学士	四年	4440	
公共管理学院	公共管理类	文理兼收	管理学学士	四年	4440	含行政管理、劳动与社会保障、土地资源管理
	档案学	文史类	管理学学士	四年	4440	
	信息资源管理	文理兼收	管理学学士	四年	4440	
	社会工作	文史类	法学学士	四年	4440	

学院名称	专业名称	科类	授予学位	学制	学费	备注
商学院	会计学(ACCA方向)	文理兼收	管理学学士	四年	4440	1. 除正常学费及住宿费以外,需另交ACCA专项培训费7600元/人/年(不包括ACCA注册费、全球统一考试费、教材费、ACCA年费等);2. 该专业学习对外语和数学要求较高;3. 不进行调剂录取。
	管理科学与工程类	理工类	工业工程授予工学学士;管理科学授予理学学士	四年	4920	含工业工程、管理科学
	工商管理类	文理兼收	管理学学士	四年	4440	含市场营销、财务管理、人力资源管理
马克思主义学院	马克思主义理论	文史类	法学学士	四年	4440	
数学学院	数学与应用数学(基地班)	理工类	理学学士	四年	4920	
	数学与应用数学(数学经济学双学士学位)	理工类	理学学士和经济学学士	四年	待定	双学位项目
	数学类	理工类	理学学士	四年	4920	含信息与计算科学、统计学、数学与应用数学
物理学院	物理学类	理工类	理学学士	四年	4920	含物理学(基地班)、物理学;含国家基础学科拔尖人才培养试验计划
	核工程与核技术	理工类	工学学士	四年	4920	
	微电子科学与工程	理工类	工学学士	四年	4920	
化学学院	化学类	理工类	理学学士	四年	4920	含化学、应用化学、化学(基地班)
生命科学学院	生物科学类	理工类	理学学士	四年	4920	含生物科学、生态学。其中生物科学含国家基础学科拔尖人才培养试验计划、国家生物学人才培养基地、国家生命科学与技术人才培养基地。
	生物科学(计算生物学双学士学位)	理工类	理学学士和工学学士	四年	待定	双学位项目
电子信息学院	电子信息类	理工类	工学学士	四年	4920	含电子信息工程、光电信息科学与工程、通信工程
高分子科学与工程学院	高分子材料与工程	理工类	工学学士	四年	4920	
材料科学与工程学院	材料类	理工类	工学学士	四年	4920	含材料科学与工程、新能源材料与器件
生物医学工程学院	生物医学工程	理工类	工学学士	四年	4920	
机械工程学院	工科试验班(机械及其自动化)	理工类	工学学士	四年	4920	含机械设计制造及其自动化、测控技术与仪器、材料成型及控制工程
电气工程学院	电气工程及其自动化	理工类	工学学士	四年	4920	
	自动化	理工类	工学学士	四年	4920	
计算机学院	计算机类	理工类	工学学士	四年	4920	含计算机科学与技术、物联网工程、人工智能
建筑与环境学院	环境工程	理工类	工学学士	四年	4920	
	建筑学	理工类	工学学士	五年	6600	
	土木工程	理工类	工学学士	四年	4920	
	工程力学	理工类	工学学士	四年	4920	
水利水电学院	工科试验班(水利、能源动力与城市地下空间)	理工类	工学学士	四年	4920	含水利科学与工程、城市地下空间工程、能源与动力工程

学院名称	专业名称	科类	授予学位	学制	学费	备注
化学工程学院	工科试验班(绿色化工与生物医药)	理工类	工学学士	四年	4920	含化学工程与工艺、制药工程、生物工程
	工科试验班(互联化工)	理工类	工学学士	四年	4920	含化学工程与工艺(互联化工交叉试验班)
	工科试验班(动力装备与安全)	理工类	工学学士	四年	4920	含过程装备与控制工程
轻工科学与工程学院	工科试验班(生物质加工利用工程)	理工类	工学学士	四年	4920	含轻化工程、食品科学与工程、生物工程(轻工生物)
	服装与服饰设计	艺术类	艺术学学士	四年	10000	具体要求及录取规则请查阅《四川大学2020年美术、编导类本科招生简章[美术类、广播电视编导专业]》。
软件学院	软件工程	理工类	工学学士	四年	9960	
网络空间安全学院	网络空间安全	理工类	工学学士	四年	4920	
华西基础医学与法医学院	基础医学(基地班)	理工类	医学学士	五年	4920	
	法医学(法医学与法学双学士学位)	理工类	医学学士和法学学士	五年	待定	双学位项目
	法医学	理工类	医学学士	五年	4920	
华西临床医学院	临床医学(五年制)	理工类	医学学士	五年	6000	
	临床医学(八年制)	理工类	医学博士	八年	6000	临床医学(八年制)中20名从非医学门类专业招生培养2年后择优选取。
	护理学	理工类	理学学士	四年	4920	护理学分为护理学、助产士等2个专业方向,设置单独的投档单位,进校后不转专业。
	医学技术类	理工类	理学学士	四年	4920	含医学检验技术、医学影像技术、眼视光学、康复治疗学,其中:医学影像技术分为医学影像技术、放射治疗技术、超声医学技术等3个专业方向;康复治疗学分为物理治疗、作业治疗、呼吸治疗、听力学与言语康复等4个专业方向。
华西口腔医学院	口腔医学(五年制)	理工类	医学学士	五年	6000	1. 口腔医学专业由于学习、就业的特殊性,习惯用左手做事(俗称左撇子)的考生谨慎报考;2. 从当年毕业的五年制毕业生中择优录取40名进入口腔医学(5+3)人才培养计划。
	临床医学(口腔)(八年制)	理工类	医学博士	八年	6000	口腔医学专业由于学习、就业的特殊性,习惯用左手做事(俗称左撇子)的考生谨慎报考。
	口腔医学技术(口腔数字化技术双学士学位)	理工类	理学学士和工学学士	四年	待定	双学位项目
	口腔医学技术	理工类	理学学士	四年	4920	
华西公共卫生学院	预防医学	理工类	医学学士	五年	4920	
	食品卫生与营养学	理工类	理学学士	四年	4920	
	卫生检验与检疫	理工类	理学学士	四年	4920	
华西药学院	药学	理工类	理学学士	四年	4920	
	临床药学	理工类	理学学士	五年	4920	

学院名称	专业名称	科类	授予学位	学制	学费	备注
四川大学匹兹堡学院	工业工程 (中外合作办学)	理工类	工学学士	四年	65000	入校后只允许在本学院内进行专业调整
	机械设计制造及其自动化 (中外合作办学)	理工类	工学学士	四年	65000	
	材料科学与工程 (中外合作办学)	理工类	工学学士	四年	65000	
空天科学与工程学院	航空航天类	理工类	工学学士	四年	4920	含航空航天工程、飞行器控制与信息工程

备注:

1. 对考生身体健康状况的要求,四川大学执行教育部、卫生部、中国残疾人联合会印发的《普通高等学校招生体检工作指导意见》,考生若有专业受限情况,请谨慎报考。
2. 少数民族预科班:6600元/生·年。
3. 国防科研试验部队预科班:12000元/生·年。
4. 四川省收费政策如有调整,收费标准将以四川省发改委最新发布的文件为准。

四川大学2020年招生咨询联系方式

◆ 四川大学2020年本科招生各学院招生咨询电话

经济学院
028-85412301 / 85411930

法学院
028-85990951

文学与新闻学院(新闻学院)
028-85996393 / 85991313

外国语学院
028-85415209 / 85990268

艺术学院
028-85991685

历史文化学院(旅游学院)
028-85996613 / 85996733

数学学院
028-85417936

物理学院
028-85415561

化学学院
028-85410765

生命科学学院
028-85416955 / 85412055

电子信息学院
028-85463874

材料科学与工程学院 / 生物医学工程学院
028-85417765

机械工程学院
028-85991788 / 85462015

电气工程学院
028-85405623 / 85405621

计算机学院(软件学院)
028-85468536

网络空间安全学院
19182037372

建筑与环境学院
13982287467

水利水电学院
19182261663 / 19182261770

化学工程学院
028-85406042 / 13551068597

轻工科学与工程学院
028-85403113

高分子科学与工程学院
18884215063

华西基础医学与法医学院
028-85501999 / 85501305

华西临床医学院(华西医院)
028-85422140

华西口腔医学院(华西口腔医院)
19949479808

华西公共卫生学院(华西第四医院)
028-85501605

华西药学院
028-85501399 / 85500314

公共管理学院
028-85412446

商学院
18402873589 / 18030531147

马克思主义学院
028-85996672

空天科学与工程学院
028-85402657 / 85408929

国际关系学院
028-85470809

哲学系
028-85417126

体育学院
028-85990010

◆ 四川大学2020年本科招生各省工作组联系方式

分省工作组	咨询电话（区号028）	QQ群
江苏省招生工作组	85422140	897970456
重庆市招生工作组	85417936 / 85996672	780987763
浙江省招生工作组	19949479808 / 19141292339	1097585505
福建省招生工作组	85468536 / 19182037372	691789001
广东省招生工作组	18884215063	1098763739
江西省招生工作组	85996393	1015200307
贵州省招生工作组	19182261663 / 19182261770	979824663
甘肃省招生工作组	85991685	607630839
山东省招生工作组	85463874 / 18180627292	1075044664
天津市招生工作组	85470809 / 85404813	903102562
北京市招生工作组	85410765 / 19181700246 / 13568894876	901194421
河南省招生工作组	85416955 / 85412055	1101301485
河北省招生工作组	85403113	745391544
辽宁省招生工作组	13982287467	995428069
海南省招生工作组	85501399 / 85500314	185078466
吉林省招生工作组	85991788 / 85462015	1062094388
青海省招生工作组	85996613 / 85996733	805810917
内蒙古自治区招生工作组	85501605	811982681
广西壮族自治区招生工作组	85412446	1044069706
上海市招生工作组	85412301 / 85411930	1082956170
安徽省招生工作组	85990951	892852084
新疆维吾尔自治区招生工作组	85501999 / 85501305	1076157685
湖南省招生工作组	85417765	1101263127
黑龙江招生工作组	85415209 / 85990268	879727906
山西省招生工作组	85415561	973957020
陕西省招生工作组	18402873589 / 18030531147	1076472960
湖北省招生工作组	85405623 / 85405621	1098460791
云南省招生工作组	85406042 / 13551068597	1101202772
宁夏回族自治区招生工作组	85402657 / 85408929	1101674964
四川省招生工作组	86080605 / 86081605	

◆ **四川大学匹兹堡学院2020年本科招生咨询分省联络方式**

省市	负责人	联系方式
北京	杨老师 陈老师	15198205568 15680481140
浙江	杨老师 陈老师	18215603573 15680481140
湖南	牟老师 须老师	13689068208 18602874133
上海	王老师 唐老师	18280179982 18828094861
广东	何老师 唐老师	18508206217 18828094861
河南	唐老师 唐老师	18190886521 18828094861
山东	何老师 贾老师	13060083379 18782948560
安徽	贾老师 唐老师	18782948560 18190886521
辽宁	梁老师 林老师	17761333969 18108272342
重庆	刘老师 林老师	15198006630 18108272342
四川	侯老师 孙老师 唐老师 梁老师 杨老师	18990039696 17360041925 18828094861 17761333969 18215603573

四川大学匹兹堡学院

联络电话：028-85990100

QQ群：川大匹兹堡学院2020本科招生

QQ群号：923828698

QQ群二维码

成都欢迎你

成都
一座来了就不想离开的城市

成都，因"一年成聚，二年成邑，三年成都"而得名，简称"蓉"，别称"锦城""锦官城"，是国家中心城市，世界文化名城，拥有4500多年城市文明史和2300多年建城史，享有"天府之国"的美誉。

成都作为古代南丝绸之路起点和当代"一带一路"重要节点，是"成渝地区双城经济圈"主角之一。历史与现代、快节奏与慢生活在这里完美融合，优雅从容与前卫时尚在这里交相辉映。

成都，已连续多年登上"中国最具幸福感城市"榜首，更孕育出独一无二的城市生活美学。

美丽宜居公园城市
"人、城、境、业"高度和谐统一

公园城市着力推动生产生活空间相宜、自然经济社会人文相融,是"人、城、境、业"高度和谐统一的现代化城市形态,是在新的时代条件下对传统城市规划理念的升华,具有极其丰富的内涵。

成都正在建设世界最长绿道——天府绿道,总长度1.69万公里。

作为"世界级品质的城市绿心和国际化的城市会客厅",总面积1275平方公里的龙泉山国家森林公园,建成后将是全球最大的城市森林公园。

国家中心城市
加快建设"三城三都"

成都是距离欧洲城市最近的国家中心城市。

2019年，成都实现地区生产总值1.70万亿元，总量排名全国城市第7。成都正在建设世界文创名城、世界旅游名城、世界赛事名城、国际美食之都、国际音乐之都、国际会展之都。现已在蓉举办第八次中日韩领导人会议、《财富》全球论坛、第十八届世界警察和消防员运动会等重大国际会议、赛事，即将举办成都2021年第31届世界大学生夏季运动会。

创新创业创造活力进发

成都拥有56所高等院校、30余家国家级科研机构、30名两院院士、114个国家级科技创新平台、231家孵化器及众创空间、4149家高新技术企业,创新创业创造活力进发,正加快建设具有全国影响力的科技创新中心。

四川大学科技成果富集,与成都积极开展校地合作,已在科技创新、人才培养等领域结出了丰硕合作成果。

欢迎来到成都,欢迎来到四川大学!

扫码关注成都发布,
获取权威城市资讯、
品读多彩成都故事。

项目策划：曾益峰
责任编辑：李金兰
责任校对：孙明丽
封面设计：墨创文化
责任印制：王　炜

图书在版编目（CIP）数据

大川带你选专业：四川大学本科招生报考指南 / 四
川大学招生办公室组织编写．— 成都：四川大学出版社，
2020.11

ISBN 978-7-5690-3988-7

Ⅰ．①大… Ⅱ．①四… Ⅲ．①四川大学－招生－介绍
Ⅳ．① G647.32

中国版本图书馆 CIP 数据核字（2020）第 227012 号

书名　大川带你选专业——四川大学本科招生报考指南
DACHUAN DAINI XUAN ZHUANYE——SICHUAN DAXUE BENKE ZHAOSHENG BAOKAO ZHINAN

组　　编	四川大学招生办公室
出　　版	四川大学出版社
地　　址	成都市一环路南一段 24 号（610065）
发　　行	四川大学出版社
书　　号	ISBN 978-7-5690-3988-7
印前制作	墨创文化
印　　刷	四川盛图彩色印刷有限公司
成品尺寸	185mm×260mm
印　　张	13.75
字　　数	527 千字
版　　次	2020 年 11 月第 1 版
印　　次	2020 年 11 月第 1 次印刷
定　　价	68.00 元

◈ 读者邮购本书，请与本社发行科联系。
　电话：(028)85408408/(028)85401670/
　(028)86408023　邮政编码：610065
◈ 本社图书如有印装质量问题，请寄回出版社调换。
◈ 网址：http://press.scu.edu.cn

四川大学出版社
微信公众号